Horst Sackstetter
Reinhard Schottmüller

C-Teile-Management

Horst Sackstetter
Reinhard Schottmüller

C-Teile-Management

Umsetzung von C-Teile-Management-Projekten
mit Beispielen aus der Praxis

Band 9
Praxisreihe Einkauf/Materialwirtschaft

herausgegeben von
Professor Dr. Horst Hartmann

Deutscher Betriebswirte-Verlag GmbH, Gernsbach

Die Deutsche Bibliothek – CIP-Einheitsaufnahme

Schottmüller, Reinhard:

C-Teile-Management : Umsetzung von C-Teile-Management-Projekten ; mit Beispielen aus der Praxis / Reinhard Schottmüller ; Horst Sackstetter. - Gernsbach : Dt. Betriebswirte-Verl., 2001
  (Praxisreihe Einkauf Materialwirtschaft ; Bd. 9)
  ISBN 3-88640-093-X

© Deutscher Betriebswirte-Verlag GmbH, Gernsbach 2001
Satz: Deutscher Betriebswirte-Verlag GmbH, Gernsbach
Umschlag: Zembsch' Werkstatt, München
Druck: Druckhaus Beltz, Hemsbach
ISBN: 3-88640-093-X

Abbildungsverzeichnis 8

Teil I C-Teile-Management
– Beispiele aus der Unternehmenspraxis

1	Erste Begegnungen mit dem C-Teile-Management	15
2	C-Teile-Management für Hilfs- und Betriebsstoffe	18
2.1	ALSTOM Power Generation – C-Teile-Management mit Abwicklung über Internet	18
2.2	Witzenmann – C-Teile-Management mit Einsatz eines Purchasing Card Systems	20
2.3	Becker Autoradiowerk – Auslagerung der kompletten Beschaffung von Nichtproduktionsmaterialien	22
2.3.1	Ausgangssituation und Besonderheiten des Projektes	22
2.3.2	Analyse und Dokumentation des Istprozesses	22
2.3.3	Neugestaltung des Prozesses	26
3	C-Teile-Management für Produktionsmaterial	28
3.1	Siemens PuLS – Outsourcing der Beschaffung von elektronischen Standard-Bauteilen	28
3.2	Loewe Opta – Übernahme des kompletten Versorgungsprozesses von Kunststoff-Kleinteilen durch die Kronacher Kunststoffwerke	32
3.2.1	Ausgangssituation und Besonderheiten des Projekts	32
3.2.2	Zielsetzung, Anforderungsprofil und Vorgehensweise	33
3.2.3	Analyse und Dokumentation des Istprozesses	34
3.2.3.1	Teilespektrum und erste Prognose über das Einsparungspotential	34
3.2.3.2	Prozessanalyse und -dokumentation	35
3.2.3.2.1	Analyse und Dokumentation des Beschaffungsprozesses für Produktionsmaterial bei Loewe	35
3.2.3.2.2	Prozessbewertung durch Prozesskostenermittlung	37
3.2.3.2.3	Die Schwachstellen und Verbesserungspotentiale aus Sicht der Prozessbetreiber	38
3.2.4	Zur Neugestaltung des Beschaffungsprozesses	38
3.2.4.1	Grundelemente der Neugestaltung	38
3.2.4.2	Die Kernelemente des neuen Prozesses	39
3.2.4.2.1	Verbrauchsgesteuerte Disposition bei KKW	39
3.2.4.2.2	Das Konsignationslager	40
3.2.5	Gesamtwertung des Projekts	40

3.3	Loewe Opta – Übergabe der C-Teile-Versorgung elektronischer Bauelemente an den Distributor RUTRONIK	41
3.4	ALSTOM T&D – Kanban-Versorgung mit mechanischen Verbindungselementen durch die Schrauben-Großhandlung Ferdinand Gross	43
4	Großhändler, Distributoren und Logistische Dienstleister als Partner im C-Teile-Management	45
4.1	Schrauben-Großhandlung Ferdinand Gross – Kanban als logistische Lösung zur Kostensenkung in der C-Teile-Versorgung	45
4.2	Würth Industrie Service – Kanban für C-Teile	46
4.3	RUTRONIK Elektronische Bauelemente – Anbieter von Logistik-Systemen	50
4.4	SPOERLE ELECTRONICS – Prozessoptimierung bei der Beschaffung elektronischer Bauelemente	53
4.5	EuroSourceLine – Customizing für die MRO-Beschaffung	56
5	Outsourcing von Beschaffungsprozessen – Zwischenergebnisse	60

Teil II   Umsetzung von C-Teile-Management-Projekten

1	Anmerkungen zum praxisorientierten Theorie-Teil	65
2	C-Teile-Management – Element der neuen Kernstrategien des Einkaufs	66
2.1	Ausgangssituation der Unternehmen	66
2.2	Entwicklung von Einkauf und Materialwirtschaft	67
2.3	Optimierung der Einkaufsfunktion	72
3	C-Teile und C-Teile-Management	73
3.1	C-Teile – Begriffliche Abgrenzung	73
3.2	C-Teile-Management	79
3.2.1	Einkauf von C-Teilen in der Vergangenheit	79
3.2.2	C-Teile-Management heute	81
4	C-Teile-Management als Projekt	83
4.1	Analyse des Teilespektrums	85
4.1.1	Produktionsmaterial-Beschaffungsobjekte	86
4.1.2	Sonstige Beschaffungsobjekte	87
4.2	Analyse der Beschaffungsprozesse	88
4.2.1	Beschaffungsprozess für Produktionsmaterialien	89

4.2.2	Beschaffungsprozess für sonstige Beschaffungsobjekte	90
4.2.3	Entscheidungshilfen für Beschaffungsprozessanalysen	91
4.3	Lösungsansätze zur Optimierung des Beschaffungsprozesses	94
4.3.1	Optimierung des Beschaffungsprozesses für Produktionsmaterialien	95
4.3.1.1	Händler- oder Hersteller-Dienstleister als Systemlieferant	96
4.3.1.2	Ausprägungen und Varianten in Händler-/Hersteller-Dienstleistungskonzepten	100
4.3.1.3	Optimierung des Beschaffungsprozesses mittels EDI	103
4.3.2	Optimierung der Beschaffungsprozesse – sonstige Beschaffungsobjekte	107
4.3.2.1	Einsatz eines elektronischen Katalogsystems	108
4.3.2.2	Elektronische Bedarfsanforderung	118
4.3.2.3	Beschaffung sonstiger Beschaffungsobjekte über Dienstleister	119
4.3.2.4	Beschaffung sonstiger Beschaffungsobjekte mittels Procurement Card oder Abholauftrag	121
4.4	Reduzierung der Einkaufspreise als Ratioansatz	123
4.4.1	Verbesserung des Informationswesens	124
4.4.2	Bildung von Einkaufskooperationen	124
4.4.3	Preisoptimierung mit Full-Service-Dienstleistern	125
4.5	Realisierung von Lösungsansätzen	126
4.6	Umsetzung einer Outsourcingentscheidung	130
4.6.1	Beschaffungs-Markterkundung	132
4.6.2	Pflichtenheft	133
4.6.3	Erste Gespräche bzw. Kontakte mit potentiellen Anbietern	135
4.6.4	Anfragen	135
4.6.5	Geheimhaltungsvereinbarung	136
4.6.6	Angebotsprüfung und Angebotsvergleich	137
4.6.7	Beurteilung von Dienstleistungsunternehmen	138
4.6.7.1	Kriterien zur Beurteilung von Dienstleistungsunternehmen	138
4.6.7.2	Verfahren der Dienstleisterbeurteilung	141
4.6.8	Referenzkunden	142
4.6.9	Vorauswahl	142
4.6.10	Vertragsverhandlung	142
4.6.11	Letter of Intent	144
4.6.12	Auftragsvergabe	144
4.6.13	Einführung	144
4.6.14	Controlling	144
4.6.15	Kontinuierlicher Verbesserungsprozess	145
5	Resumee	145

Anhang 1 148
Anhang 2 149
Anhang 3 150

Stichwort-Verzeichnis 152

Literaturverzeichnis 155

Abbildungsverzeichnis

Abbildung 1:   Auftragsvolumen der Lieferanten/Dienstleister in Wertgrenzen 23
Abbildung 2:   Warengruppen 23
Abbildung 3:   Aufteilung des untersuchten Beschaffungsvolumens 24
Abbildung 4:   Lieferanten je Warengruppe 25
Abbildung 5:   Beschaffungsvolumen und Lieferantenzahl je Warengruppe 25
Abbildung 6:   Fakten zu A- und C-Artikeln bei PuLS 29
Abbildung 7:   Belieferung und innerbetriebliche Verteilung 30
Abbildung 8:   Informations- und Materialfluss 31
Abbildung 9:   EDI 32
Abbildung 10: PROGRESS! Informations-, Material- und monetärer Fluss 42
Abbildung 11: Logistik-Konzept „Normteile" 44
Abbildung 12: RUTRONIK-Logistik-Module 51
Abbildung 13: Der Weg zum Erfolg 52
Abbildung 14: Die Organisation der Zusammenarbeit 56
Abbildung 15: Aufgabenverteilung beim Einsatz eines Dienstleisters für MRO-Teile 57
Abbildung 16: Kennzahlen eines Outsourcingprojektes 59
Abbildung 17: Verringerte Fertigungstiefe 68
Abbildung 18: Kostenstrukturen eines Industriebetriebes 70
Abbildung 19: Das neue Verständnis des Einkaufs 71
Abbildung 20: Abgrenzung von C-Teilen 74
Abbildung 21: ABC Wert-Mengen-Relation 75
Abbildung 22: C-Teile-Verständnis der Einkaufsverantwortlichen 77
Abbildung 23: Bezugsgrößen des Einkaufs 78
Abbildung 24: Beschaffungsparameter für C-Teile 82
Abbildung 25: Grundschritte des C-Teile-Management-Projektes 84
Abbildung 26: Summe aller C-Teile-Definitionen 86

Abbildung 27:	Anteil der Materialklassen am C-Teile-Spektrum (am Beispiel der Firma SEW Eurodrive)	87
Abbildung 28:	Beschaffungsportfolio	89
Abbildung 29:	Hauptphasen eines Beschaffungsprozesses	91
Abbildung 30:	Gestaltungsansätze für das C-Teile-Management	93
Abbildung 31:	Prozessschritte C-Teile-Beschaffung Produktionsmaterial	95
Abbildung 32:	Typische Teilekonstellation bei einem DIN-Teil	100
Abbildung 33:	Nachrichtentypen im zwischenbetrieblichen Geschäftsprozess	104
Abbildung 34:	Lieferantenanbindung mit WebEDI	105
Abbildung 35:	Prozessschritte bei der Beschaffung sonstiger Beschaffungsobjekte	109
Abbildung 36:	Optimierung des zeitlichen Prozessablaufs durch DP-Systeme	110
Abbildung 37:	Katalog-Szenarien	112
Abbildung 38:	Muster eines Abholauftrags am Beispiel SEW, Bruchsal	122
Abbildung 39:	Objekte einer Make-or-Buy Entscheidung	127
Abbildung 40:	Phasen eines Outsourcingprojektes	131
Abbildung 41:	Quellen der Informationsbeschaffung	133
Abbildung 42:	Geheimhaltungsvereinbarung	136
Abbildung 43:	Beispiel für eine Lieferantenbeurteilung (Punktbewertungssystem)	141
Abbildung 44:	Modularisierung der C-Teile-Prozessketten	146
Abbildung 45:	A-Prozesspartner für C-Teile	147

Vorwort

Die Optimierung von Einkauf und Logistik erfordert neue Wege. Schlagworte helfen da nicht weiter. Konkrete Lösungshilfen, wie sie in diesem Buch zum Problemkreis des C-Teile-Management dargestellt werden, sind gefragt.

Im ersten Teil des Buches berichten die Autoren ausführlich über ihre verschiedenen Projekte zur Einführung von C-Teile-Management aus den Jahren 1998 bis 2000. Im zweiten Teil werden die variantenreichen praktischen Erfahrungen in eine systematische, anwenderorientierte „Handlungsanleitung" umgesetzt, die dem für die Einführung von C-Teile-Management bzw. das Outsourcing von C-Beschaffungsprozessen in der Unternehmenspraxis Verantwortlichen als Leitfaden und Quasi-Handbuch dienen soll. Daneben kann das Buch auch für Fort- und Ausbildungszwecke in Unternehmen und Hochschulen Verwendung finden.

Gemeinsam aus der und in der Praxis lernen, miteinander und voneinander. Das setzt die Information über die Praxis und ihre Veränderungen voraus, über deren Schwerpunkte, Ursachen, die damit verfolgten Ziele und erreichten Erfolge. Über das Kennenlernen praktischer Beispiele leistet praxiorientierte Theorie durch Analyse, Systematik und Verallgemeinerung der vielfältigen in der Praxis zu beobachtenden Veränderungs- und Entwicklungstendenzen einen wichtigen zusätzlichen Part.

Daraus ergibt sich die Reihenfolge der Beiträge in diesem Buch. Berichte über die Projekte aus der Unternehmenspraxis im ersten Abschnitt und daran anschließend die kritisch-analytische und systematische Verarbeitung der aufgezeigten differenzierten Lösungsansätze mit dem Ziel, den Leserinnen und Lesern die entscheidungsrelevanten Determinanten der Optimierungsprozesse zu verdeutlichen und eine unternehmensspezifische Umsetzung zu erleichtern.

Die Autoren danken an dieser Stelle allen Damen und Herren in den beteiligten Unternehmen: ALSTOM Power Generation Mannheim, ALSTOM T&D Filderstadt, Becker Autoradiowerk Karlsbad, EuroSourceLine Karlsruhe, Ferdinand Gross Leinfelden, Kronacher Kunststoffwerke Kronach, Loewe Opta Kronach, RUTRONIK Ispringen, Siemens Bruchsal, SPOERLE ELECTRONICS Dreieich, Witzenmann Pforzheim, Würth Industrieservice Bad Mergentheim, Zeiss Oberkochen; außerdem den vielen uns nicht namentlich bekannten Damen und Herren Einkaufsleitern, die mit ihren Antworten zu dem dargestellten Umfrageergebnis beigetragen haben. Wertvolle Unterstützung erhielten die Autoren auch durch ihre Absolventinnen, Absolventen und Studierenden, ihnen sei hier gedankt.

Überlingen, im Juni 2001
Horst Hartmann

Teil I

C-Teile-Management
– Beispiele aus der Unternehmenspraxis

1 Erste Begegnungen mit dem C-Teile-Management

Die ersten Begegnungen mit dem Thema C-Teile-Management hatte der Autor in den Jahren 1997/98: Vorträge bei BME-Symposien, Einkaufskongressen und ähnlichen Veranstaltungen und Artikel in der Zeitschrift „Beschaffung aktuell". Vier dieser frühen Beispiele für C-Teile-Management werden hier als Einstieg in das Thema kurz vorgestellt.

Beispiel 1:
Beim BME-Symposion 1997 referierte der Werkleiter von Bosch Hildesheim über das Thema „Optimaler Fremdbezug durch Outsourcing betrieblicher Beschaffungsfunktionen".[1] Der Erfahrungshintergrund dieses Referats war die Automobil-Zulieferindustrie. Im Zentrum der vorgestellten Überlegungen stand die Absicht, Elemente der Beschaffungslogistik an Lieferanten zu übergeben.

Die Ziele dieser neuen Konzeption waren neben der Reduzierung der Gesamtdurchlaufzeit und der Bestände vor allem die Beschleunigung des Informationsaustauschs, die Verbesserung der logistischen Anlieferqualität und eine Vereinfachung der Abrechnungsmodalitäten. Dieses Outsourcing-Modell beinhaltete bereits wesentliche Teile der Beschaffungslogistik wie Disposition und Bestandsverantwortung, Belieferung einer lieferanteneigenen Lagerfläche und Eigentumsübergang an Bosch erst mit der Entnahme für die Produktion.

Beispiel 2:
Im August 1998 veranstaltete Management Circle einen Einkaufskongress mit dem Thema „Von der Funktions- zur Prozessbetrachtung", bei dem der Koordinator des Materialgruppen-Managements von Zeiss einen Vortrag zum Thema „C-Teil Beschaffung – Prozessoptimierung"[2] hielt. Bezugspunkt dieses Referats waren die Erfahrungen eines Projektteams der Schott/Zeiss-Gruppe, das sich mit der Beschaffung der C-Teile im Bereich der Hilfs- und Betriebsstoffe beschäftigte.

Die Definition der C-Teile wurde in diesen Ausführungen über die übliche, der ABC-Verteilung folgende Klassifizierung „Teile mit geringem Verbrauchswert" hinaus um einige Kriterien erweitert wie geringe Preisveränderungen, Wiederbeschaffungszeit von < 48 Stunden, handelsübliche Qualitätsanforderungen, geringe Serviceanforderungen und Verfügbarkeit bei mehreren Lieferanten. Mit einem

---

[1] Vgl. Lückefedt, H., Optimaler Fremdbezug durch Outsourcing betrieblicher Beschaffungsfunktionen, Referat BME-Symposium, Berlin 1997 (Tagungsband), S. 303ff.
[2] Vgl. Kalbfuß, W., C-Teil Beschaffung – Prozessoptimierung, Vortrag Management Circle, August 1998

jährlichen Beschaffungsvolumen von ca. 33 Mio. DM machten diese C-Teile rund 5 % des gesamten Einkaufswerts aus.

Inhaltliche Kernpunkte des Referats waren die optimale Nutzung der Personalressourcen des Einkaufs und die Prozessorientierung. Als eigentliches Ziel der optimalen Gestaltung der C-Teile-Beschaffung wurde die Freisetzung der Einkäufer von operativen Tätigkeiten und deren Weiterqualifikation zu strategischen Einkäufern dargestellt. Damit sollte eine Intensivierung des Wettbewerbs bei den hochwertigen Beschaffungspositionen möglich werden, die zu Preissenkungen von 10 % beitragen könnten. Diese Einsparungen überwogen die direkten Personalkosteneinsparungen bei Freisetzung der in dem optimierten Beschaffungsprozess nicht mehr benötigten operativen Einkäufer erheblich.

Das Materialgruppen-Management hat gemeinsam mit der Personalentwicklung ein Programm zur Weiterqualifikation von Einkäuferinnen und Einkäufern umgesetzt. Angefangen mit dem Erkennen von Weiterentwicklungspotentialen in ersten Workshops führt das Programm schrittweise und je nach Bedarf über spezifische Bausteine bis zum „Einkaufsführerschein" und bei entsprechender Eignung letztlich bis zum Führungskräfte-Programm von Zeiss.

Ein zweiter Schwerpunkt war die systematische Optimierung der Beschaffungsprozesse aufgrund von systematischer Prozessanalyse und Prozesskostenermittlung. Die Prognose über das dadurch erzielbare Kostensenkungspotential lag im ersten Schritt bei > DM 500.000,-- bzw. 30 % der Prozesskosten. Mittelfristig rechnet Zeiss sogar mit einer Einsparung von nochmals 30 %.

Beispiel 3:
Ein Artikel über das C-Artikel-Management der Flughafen Frankfurt AG[3] stellte eine Konzeption vor, die im Frühjahr 1997 in einem Projektteam entwickelt wurde und seit April 1998 produktiv im Einsatz ist. Das C-Artikel-Management wird hier nicht nur als neue Rationalisierungsmöglichkeit im Einkauf und der Beschaffung vorgestellt, sondern es wird im Zusammenhang mit den insgesamt veränderten strategischen Aufgaben des Einkaufs wegen der verschärften weltweiten Konkurrenz gesehen. Damit wird der Blick dafür geöffnet, dass die gemeinsame Optimierung des gesamten Beschaffungsprozesses eine unternehmensübergreifende, die Lieferanten und die Abnehmer betreffende gemeinsame Aufgabe ist. Das Ziel ist die beste Beschaffungskette insgesamt als Voraussetzung für eine führende Position auf dem Weltmarkt.

---

[3] Vgl. Konhäuser, Christian, Stärkung strategischer Funktionen – C-Artikel-Management im Intranet/Internet, in: Beschaffung aktuell 01/1999, S. 38ff.

Aus 19 Prozessabschnitten bestand der Ist-Prozess von der Bedarfsidentifikation durch den internen Kunden bis zur Zahlung. Dieser dauerte in der Regel 30 Tage und kostete DM 276,-- pro Bestellung einschließlich anteiliger SAP-Kosten. 85 % aller Bestellungen hatten einen Bestellwert von weniger als DM 5.000,--. Diese Bestellungen wurden bei 88,6 % der Lieferanten in Auftrag gegeben, 85 % der verfügbaren Zeit- und Personalressourcen des Einkaufs wurden dafür eingesetzt, diesen Teil des Einkaufsgeschäfts zu betreiben, das insgesamt 10 % des Beschaffungsvolumens ausmachte.

Die zwei wesentlichen Elemente der Neugestaltung waren der Einsatz des Intranet/Internet und die Dezentralisierung der Einkaufstätigkeiten. Letzteres bedeutete, dass die Bedarfsträger autorisiert wurden, Bestellungen bis zu DM 3.000,-- selbst zu tätigen ebenso wie Abrufe aus bestehenden Rahmenverträgen bis zu DM 100.000,--. Zentrale Steuerungs- und Controlling-Funktionen wurden aufrecht erhalten.

Erreicht hat die Flughafen AG damit zum Einen, dass „die Hauptaufgabe des Zentraleinkaufs ... nun die Beschaffung von hochwertigen Gütern und Dienstleistungen, die Aufbereitung von strategischen Einkaufsentscheidungen und der Abschluss von Rahmenverträgen" ist. „Zusätzlich übernahm der Einkauf den Aufbau und Betrieb von Informationssystemen zur Bedarfsübermittlung und Prozessoptimierung." Zum Zweiten ergab sich eine Prozesskosteneinsparung pro Beschaffungsvorgang von 87 %. Bei 18.000 C-Artikel-Bestellungen pro Jahr ist das ein Rationalisierungserfolg von 4,4 Mio. DM.

Beispiel 4:
Unter dem Titel „Effizienzpotentiale im Einkaufsprozess"[4] referierte der Leiter des Zentraleinkaufs der Esso AG beim BME-Symposion 1999 über die Beschaffung von Gütern und Dienstleistungen im Low Value-Bereich. Neben der Einführung eines Purchasing Card Systems diskutierte er wegen der zögerlichen Lieferantenakzeptanz eine Alternative, das Buying House Konzept. Damit werden ähnliche Ziele verfolgt wie mit der Purchasing Card: monatliche Abrechnung, weniger Lieferanten und niedrigere Transaktionskosten. Speziell die Transaktionskosten, d.h. die Prozesskosten von der Bedarfsanforderung bis zur Zahlung verhalten sich nach den Erkenntnissen des Referenten in den dargestellten Alternativen wie folgt zueinander:

---

[4] Vgl. Man, C., Effizienzpotentiale im Einkaufsprozess, Referat BME-Symposium, Berlin 1999 (Tagungsband), S. 647ff.

Einzelbestellungen und Abrufe (Standardprozess)   250 - 300 DM
Buying House   ca. 100 DM
Purchasing Card   ca. 40 DM

Mit einem zwischen Buying House und Purchasing Card gemischten Verfahren wurden in den ersten 6 Monaten gegenüber dem Standardprozess ca. DM 750.000,-- eingespart.

2 C-Teile-Management für Hilfs- und Betriebsstoffe

2.1 ALSTOM Power Generation – C-Teile-Management mit Abwicklung über Internet[5]

C-Teile sind hier „unkritische Teile" mit geringem Ergebnisbeitrag und niedriger Komplexität des Beschaffungsmarkts. Die Anforderungen an den neuzugestaltenden Prozess waren definiert mit Vereinfachung des administrativen und logistischen Ablaufs durch Standardisierung, Lieferantenreduzierung und Einsatz von EDI. Dahinter stehen unausgesprochen die Senkung der Beschaffungskosten und die Konzentration des Einkaufs auf die ergebniswirksamen Materialien.

Die C-Teile machen bei ALSTOM Power nur etwas mehr als 20 % des gesamten Beschaffungswertes aus, aber 50 % der Beschaffungsmengen und mehr als 80 % der Kosten des Beschaffungsprozesses.

Die Analyse des Ist-Prozesses beschränkte sich in diesem Projekt auf die Bestellbearbeitung bei Alstom Power, deren Abwicklung, Belieferung und Berechnung beim Lieferanten sowie den ganzen Teilprozess der Warenvereinnahmung und der Bezahlung wiederum bei Alstom Power. Ohne die Disposition ergaben sich insgesamt 40 Prozessschritte. Auf Basis der Projektziele sollten diese 40 auf 15 bis 20 Prozessschritte reduziert werden. Das bereits konzipierte Projekt Einführung von Purchasing Card eingeschlossen. Bewertet mit den von Alstom Po-

---

[5] Die hier verwerteten Informationen stammen aus einem Studienprojekt, das die Studierenden des Studiengangs Beschaffung und Logistik im Frühjahr 1999 bei heute ALSTOM Power Generation, vormals ABB Kraftwerke, im Werk Mannheim durchgeführt haben. Gegenstand des Projektes war der Beschaffungsprozess aller C-Teile des Bereichs Produktion von Gas- und Dampfturbinen sowie Generatoren, die unter die Begriffe Hilfs- und Betriebsstoffe bzw. Verbrauchsmaterialien fallen. Dem Studienprojekt war bereits ein internes Projekt über die Vereinfachung des Beschaffungsprozesses mittels Einsatz der Purchasing Card vorausgegangen.

wer vorgegebenen Bearbeitungszeiten und Personalkosten ergab sich hieraus eine Kostenreduzierung von 51 % für die Summe der Bestellungen mit einem Bestellwert von weniger als DM 800,--. Durch das neue Konzept Purchasing Card wurden nicht nur die Zahlungsvorgänge sondern auch schon die Bestellvorgänge wesentlich vereinfacht.

Einen großen Umfang nahm in diesem Projekt die Möglichkeit der Prozessoptimierung durch den Einsatz des Internet ein. Die hohen Erwartungen, die hieran geknüpft wurden, haben sich durch die genauere Studie als berechtigt erwiesen: die Internetanwendung ergibt gegenüber der Purchasing Card-Variante eine weitere Kostenersparnis um 16 % auf insgesamt 67 % der gesamten Ist-Prozesskosten.

Die Prozessoptimierung hat hier zwei Schwerpunkte. Der eine ist der Direkt-Einkauf durch die Bedarfsträger, die die Beschaffungs- und Kostenverantwortung vom Einkauf übernehmen. Dieser bleibt für die Auswahl der Lieferanten, für die Verhandlung der Preise, der Lieferbedingungen und der Rahmenverträge verantwortlich. Die Bestell- und Zahlungsabwicklung werden gleichzeitig wesentlich vereinfacht. Der zweite Punkt ist die Reduzierung von bisher 200 Lieferanten auf wenige, sorgfältig ausgewählte Systemlieferanten für die Warengruppen Elektroartikel, Werkzeuge, PSA, Büromaterial, Befestigungsmaterial und Sonstige Hilfs- und Betriebsstoffe.

In dem neuen Internet-Prozess greift der Bedarfsträger direkt auf einen Katalog des ausgewählten Lieferanten zu und löst damit eine elektronische Bestellung aus, wenn sein Budget nicht überschritten wird. Eine notwendige Erweiterung des Budgets muss vom Abteilungsleiter genehmigt werden. Die Lieferung erfolgt direkt an den Bedarfsträger. Die Lieferanten rechnen mit VISA ab und erhalten innerhalb von fünf Tagen ihr Geld. Einmal pro Monat wird ein Datensatz mit den Rechnungen für sämtliche Lieferungen maschinell eingespielt. Die VISA-Bank sammelt die Rechnungen über einen Monat und bucht den Gesamtbetrag auf Basis einer Einzugsermächtigung vom entsprechenden ALSTOM-Konto ab. ALSTOM macht Stichproben und jeder Bedarfsträger erhält einen monatlichen Auszug über die erhaltenen Lieferungen. Die Umstellung erfolgt Materialgruppe für Materialgruppe.

Dringend notwendig sind bei solchen Internet-Anwendungen die Sicherheitsvorkehrungen, die die Partner vor Missbrauch schützen sollen. Diese Absicherung der unternehmensinternen Daten ist neben der Anbindung an das Betriebssystem und dem Schulungsaufwand für die Bedarfsträger und Einkäufer sowie die Verkäufer der Lieferanten eine der wesentlichen Voraussetzungen für die Einführung des Internet. Sie stellen außerdem einen wichtigen Teil des Vorbereitungsaufwandes dar.

Die Neugestaltung von Beschaffungsprozessen mit Internet führt zu folgenden Verbesserungen für die Abnehmer:

- Kürzere Beschaffungszeiten und geringere Kapitalbindung
- Senkung der Beschaffungskosten durch schlanke Prozessabläufe
- Wegfall operativer Einkaufstätigkeiten
- Einfacheres Handling der Kataloge
- Einfache Bedienbarkeit und durchgängige Verfügbarkeit
- Vereinfachtes Genehmigungsverfahren.

Die Bedarfsbündelung bei wenigen Lieferanten führt für diese zu einer langjährigen Kundenbindung mit entsprechender Sicherung von Marktanteilen und Erschließen neuer Marktsegmente. Hinzu kommt ein geringeres Kreditrisiko durch schnelle und garantierte Zahlung und ein geringerer Aufwand für die Rechnungsstellung, das Mahnwesen und die Überwachung der Zahlungseingänge.

Im Ergebnis reduzieren sich die Prozessschritte bei Interneteinsatz in den dargestellten Beispielen von ursprünglich 40 auf 13 und die Prozesskosten auf 33 %. Die Empfehlung der Projektgruppe und ihrer internen Partner zum Abschluss des Projekts war für das Gemeinkosten-Material der Kostenstellen ein neuer Prozess auf der Basis von Purchasing Card und Internet und für das C-Produktionsmaterial zukünftig der Einsatz von Internet und Barcode-Etiketten.

2.2 Witzenmann – C-Teile-Management mit Einsatz eines Purchasing Card Systems[6]

Bei der Firma Witzenmann GmbH & Co. KG in Pforzheim wurden die Hilfs- und Betriebsstoffe mit Ausnahme ihrer immer schon verbrauchsgesteuerten Disposition auf eine Art beschafft, die sich nicht von dem komplexen Beschaffungsprozess für Produktionsmaterial unterschied. Bisher wickelte der Einkauf 5 % des gesamten Beschaffungsvolumens bei 80 % der Lieferanten ab. Das bedeutete, dass mit mehr als 1000 Lieferanten im Jahr durchschnittlich nur DM 6.000,-- umgesetzt wurden. Dementsprechend wurden 80 % der Kosten des Beschaffungsprozesses für die Bearbeitung der C-Teile aufgewandt.

---

[6] Die Informationen stammen aus einem Studienprojekt und der Diplomarbeit Schwentke, E., C-Teile-Management mit Einsatz eines Purchasing Card Systems, 2000 (unveröffentlicht), sowie Diskussionen mit dem Leiter der Materialwirtschaft von Witzenmann.

Die vorgegebenen Projektziele waren der Bezug dieser Materialien von einigen wenigen Lieferanten zu insgesamt günstigeren Preisen. die auch Die Beschaffungslogistik sollte von diesen übernommen werden. Durch kurze, dezentrale Bestellabwicklung wurde gleichzeitig eine drastische Senkung der Prozesskosten angestrebt.

Zu den C-Teilen im Bereich Hilfs- und Betriebsstoffe gehören vor allem der übliche Bürobedarf außer der Büroeinrichtung und alles was bei Witzenmann unter dem Begriff Betriebsmittel zusammengefasst wird, wie Lacke und Farben, Reinigungs- und Pflegebedarf, Schleif- und Poliermittel, Artikel für Sicherheits- und Arbeitsschutz u.a.m. In diesem Projekt wurden insbesondere die Materialien angesprochen, die einen schwankenden bis stark unregelmäßigen Verbrauch aufweisen, also die C-YZ-Teile.

Für die Realisierung der Projektziele boten sich Einkaufs-, Logistik- oder Finanzdienstleister auf dem Markt als potentielle Partner an. Witzenmann konzentrierte sich sehr bald auf eine Finanzdienstleister-Lösung in Form eines Purchasing Card Systems. Ein solches System erschien den Verantwortlichen für die erwünschte dezentrale Abwicklung durch die Bedarfsträger selbst gut geeignet.

Die als erstes vorgenommene detaillierte Analyse des Ist-Beschaffungsprozesses ergab für eine Bestellung 27 Prozessschritte mit insgesamt etwas mehr als 1 ½ Stunden Bearbeitungszeit und systembedingten Liegezeiten von insgesamt etwa einem Monat. Dazu kam eine übliche Lieferzeit von 10 Tagen bis die Ware beim Bedarfsträger eintraf. Die Anlieferung erfolgte bereits im bisherigen Prozess dezentral. Bei einem Prozesskostensatz von einheitlich DM 100,-- pro Stunde ergibt dies ca. DM 160,-- interne Prozesskosten pro Einzelbestellung. Ausgehend von 50 % Kostensenkung pro Bestellung wurde für den Erhebungszeitraum ein Kostensenkungspotential von DM 100.000,-- ermittelt. Im Abgleich mit den Einführungskosten das Purchasing Card Systems ergab sich eine theoretische Payback-Periode von unter einem Jahr.

Die endgültige Auswahl des geeigneten Kartenproviders erfolgte nach einem Besuch bei einem Referenzkunden. Folgende Argumente waren für die Auswahl entscheidend:

Witzenmann kann weiterhin Bestellungen per Fax und telefonisch aufgeben und erspart sich damit zumindest vorerst ein aufwändiges Karten-Bestellsystem.

Auslandsbestellungen sind möglich und können über Purchasing Card abgewickelt werden, einschließlich denen von den eigenen Tochtergesellschaften.

Der ausgewählte Kartenprovider hatte die meisten Referenzkunden und ins System eingebundenen Lieferanten aufzuweisen.

Nachdem das neue Konzept in seinen wichtigsten Elementen feststand, wurden die infrage kommenden Lieferanten zu einem Lieferantenforum eingeladen. Neben dem neuen Verfahren mit den Konditionen für die Lieferanten, den Veränderungen und Verbesserungen wurde dabei auch die emittierende Bank und der Acquirer vorgestellt.

Wichtig für den erfolgreichen Verlauf, den Abschluss und die Umsetzung des Projektes war es, dass Vertreter aller beteiligten Bereiche in die Projektarbeit aktiv einbezogen wurden. Für den Projektleiter war dies der ausschlaggebende Punkt, da durch einen reibungslosen Informationsfluss einerseits das Know-how der Prozesseigner für die notwendigen Veränderungen produktiv eingebracht werden kann und andererseits „Vorbehalte und Ängste gegenüber dem neuen Abwicklungssystem abgebaut werden."

2.3 Becker Autoradiowerk – Auslagerung der kompletten Beschaffung von Nichtproduktionsmaterialien

2.3.1 Ausgangssituation und Besonderheiten des Projektes

Die strategischen Aufgaben des Einkaufs nehmen immer stärker zu, während Kapazitäten häufig in operativen Tätigkeiten, so auch in der Beschaffung von Nichtproduktionsmaterialien gebunden sind.

Dies war für den Leiter des Bereichs Materialwirtschaft und Einkauf der Auslöser, nach Entlastung von operativen Tätigkeiten zu suchen. Angestrebt wurden eine Vereinfachung der Prozesse zur Beschaffung leicht zu handhabender Artikel und Dienstleistungen sowie die Reduzierung der Einkaufspreise in diesen Segmenten. Aus diesem Grund wurde zwischen dem Unternehmen und der FH Pforzheim ein gemeinsames Projekt vereinbart. Die Projektarbeit begann mit der Erfassung und Analyse des Istzustandes.

2.3.2 Analyse und Dokumentation des Istprozesses

Die Untersuchungsbasis waren alle BANFs für Bestellpositionen ohne Teilenummer in einem Zeitraum von acht Monaten. Rund 8.000 Bestellpositionen bei knapp 800 verschiedenen Lieferanten wurden ermittelt.

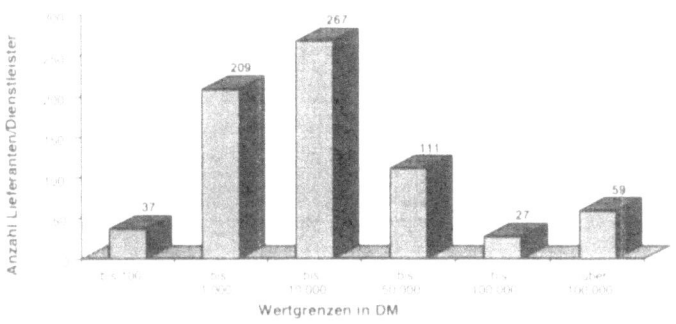

Untersuchung der Bestellanforderungen der Firma Becker im Zeitraum vom 01.07.97-28.02.98

Abbildung 1: Auftragsvolumen der Lieferanten/Dienstleister in Wertgrenzen

Im nächsten Schritt galt es diese Artikel und Dienstleistungen nach verschiedenen inhaltlichen Kriterien zu klassifizieren. Insgesamt 16 Warengruppen wurden gebildet und sämtliche Bestellpositionen diesen Warengruppen zugeordnet.

Anzahl BANF je Gruppe

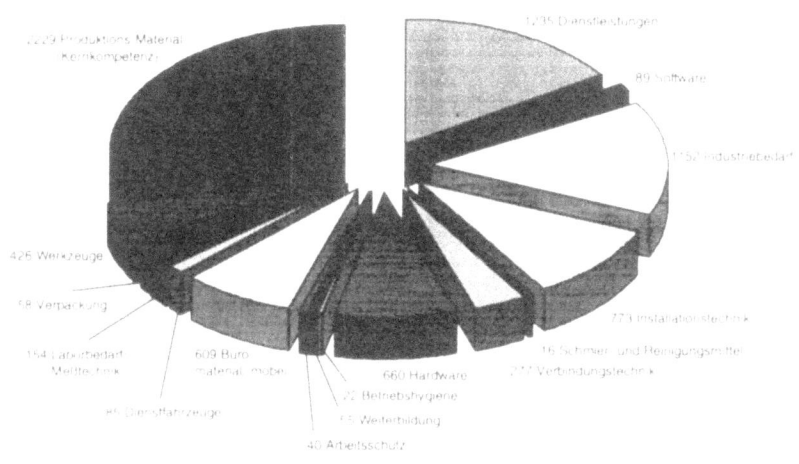

Abbildung 2: Warengruppen

Um Kostensenkungspotentiale erkennen zu können und Entscheidungsalternativen zu erarbeiten war es wichtig, das Auftragsvolumen je Warengruppe zu ermitteln. Der größte Ausgabenblock und nahezu die Hälfte des Beschaffungsvolumens war in der Gruppe Produkte/Materialien Kernkompetenz gebunden, der alle Bedarfe zugeordnet sind, die direkt in die Produktion einfließen, wie Maschinen, Werkzeuge, Hilfsstoffe. Dieses Beschaffungsvolumen und der Anteil der in Auftrag gegebenen Dienstleistungen (z.B. Designarbeiten, Maschineninstallationen, Reparaturen an Mess- und Fertigungseinrichtungen) für den Kernkompetenzbereich sollten zwar in der Betrachtung verbleiben, im Konzeptionsteil aber später nicht weiter untersucht werden.

Einkaufs-Volumen je Gruppe in Prozent

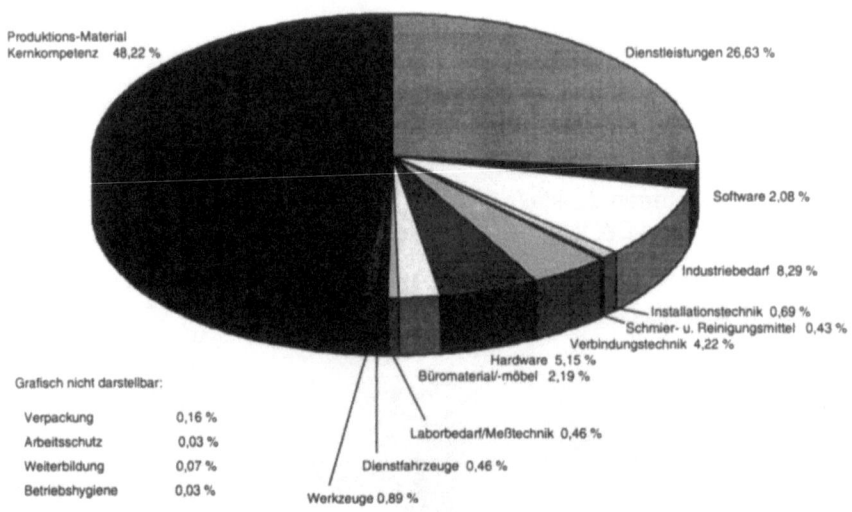

Abbildung 3: Aufteilung des untersuchten Beschaffungsvolumens

Ein wichtiges Kriterium für die Suche nach Ratiopotentialen war die Untersuchung der Lieferanten- und Dienstleisterstrukturen. Daraus konnten erste Aufschlüsse über Bündelungsmöglichkeiten bei der Zahl der Lieferanten gezogen werden.

Aussagekräftig werden die Werte, wenn ein Bezug zwischen Anzahl der Lieferanten und Beschaffungsvolumen je Warengruppe hergestellt wird:

Anzahl Lieferanten je Gruppe

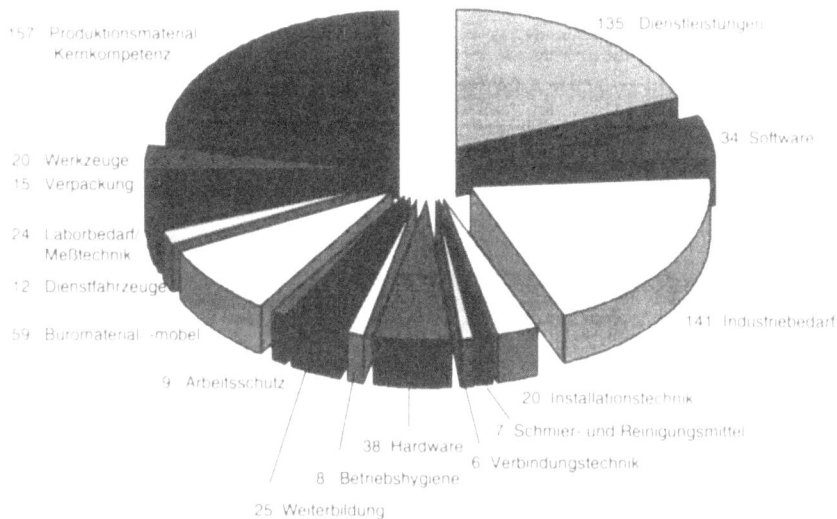

Abbildung 4: Lieferanten je Warengruppe

Klasse	Vol. in %	Anz. Lief.	Anz. Lief. in %
Dienstleistungen	26,63	135	19,01
Software	2,08	34	4,79
Industriebedarf	8,29	141	19,86
Installationstechnik	0,69	20	2,82
Schmier- u. Reinig.mittel	0,43	7	0,98
Verbindungstechnik	4,22	6	0,85
Hardware	5,15	38	5,35
Betriebshygiene	0,03	8	1,13
Weiterbildung	0,07	25	3,52
Arbeitsschutz	0,03	9	1,27
Büromat./-möbel	2,19	59	8,31
Dienstfahrzeuge	0,46	12	1,69
Laborbedarf/Meßtechnik	0,46	24	3,38
Verpackung	0,16	15	2,11
Werkzeuge	0,89	20	2,82
Produkte/Mat.KernK.	48,22	157	22,11
Summenwerte	**100**	**710**	**100**

Abbildung 5: Beschaffungsvolumen und Lieferantenzahl je Warengruppe

Die Erkenntnisse:
Die Gruppe Produkte/Materialien Kernkompetenz umfasst fast die Hälfte des Gesamtvolumens, allerdings sind nur 22,1 % der Lieferanten in dieser Gruppe aktiv.
In den 14 Warengruppen ohne Kernkompetenz-Material und Dienstleistungen wird nur rund ein Viertel des gesamten Beschaffungsvolumens durch 418, also mehr als die Hälfte aller Lieferanten geliefert. Große Bedarfsgruppen sind Industriebedarf, Hardware und Verbindungstechnik. Diese 14 Warengruppen stehen deshalb im besonderen Interesse von Verbesserungsansätzen.

Parallel zur Analyse der Auftrags- und der Lieferanten-Struktur wurde der Beschaffungsprozess analysiert. Der Ablauf erfolgte zu jener Zeit noch manuell. Da parallel in einem anderen Projekt das SAP Workflow Programm eingeführt wurde, das genau diesen Ablauf nachhaltig vereinfacht, indem die Vorgänge elektronisch im System abgebildet werden, wird hier nicht weiter auf diese Analyse eingegangen.

2.3.3 Neugestaltung des Prozesses

Auf der Basis der vorgefundenen Strukturen sollten mögliche Dienstleistungskonzepte untersucht werden. Dabei war es der Wunsch der Verantwortlichen, unter Berücksichtigung des realisierten Workflows an der Nahtstelle zum Einkauf einsetzende, maßgeschneiderte Dienstleistungs-Alternativen zu suchen.

Dabei zeigten sich schnell Schwierigkeiten. Partner für die individuellen Dienstleistungen zu finden war nicht einfach. Gespräche mit kleinen Dienstleistern waren erfolglos: Der Vororteinsatz wäre realisierbar und damit die Prozessoptimierung gewährleistet gewesen. Allerdings haben kleinere Dienstleister bei der Preisoptimierung durch nicht erzielbare Bündelungseffekte nur eingeschränkte Möglichkeiten.
Größere Anbieter, die Preisreduzierungspotentiale erwarten ließen, waren nicht bereit, auf die individuellen Anforderungen des Unternehmens einzugehen, sehr spezifische Dienstleistungspakete zu schnüren.
Mittlerweile hat man einen optimalen Partner gefunden: EuroSourceLine GmbH, ein Gemeinschaftsunternehmen der Freudenberg-Gruppe und der Salamander AG. Im Sommer 2001 befand sich das Projekt in der Konkretisierungsphase. Die Bestellhistorie wurde für die Erstellung des Angebots detailliert untersucht. Die Realisierung soll phasenweise mit unterschiedlichen Leistungsstufen in einem abgestimmten Zeitplan erfolgen.

Das Konzeption sieht wie folgt aus:

Die vom Bedarfsträger im ERP-System erzeugten und per Genehmigungs-Workflow an den Einkauf geleiteten Bedarfssätze werden vom Dienstleister übernommen und im eigenen System weiterbearbeitet.

Zum Paket gehört auch der Einsatz einer komfortablen Intra- oder Internet-Applikation für die Bedarfe mit Wiederholcharakter. Zusätzlich wird sich die Einrichtung eines Magazins vor Ort mit Abrufmöglichkeit mittels der o.g. Bestellapplikation positiv auf den Bestellaufwand auswirken.

Um den administrativen Aufwand bei sehr geringwertigen Positionen (z.B. Wert < DM 25,--) auf ein Minimum zu reduzieren, soll ein definierter Personenkreis mit einer Source-Card ausgestattet werden. Es handelt sich dabei um eine Art „Handwerker-Ausweis", der bei bestimmten Lieferanten zum Einkauf berechtigt, mit denen im Vorfeld Rahmenvereinbarungen getroffen wurden.

Die im Rahmen der Abwicklung entstehenden Forderungen werden an Becker in einer SAP-gerechten Datei übermittelt. Dazu gehören alle Vorgänge, die ursprünglich im ERP-System bei Becker oder in der genannten Bestellapplikation erfasst bzw. durch Beschaffung am Markt oder durch Magazinentnahme befriedigt wurden. Die Vorgänge führen auch die benötigten Kontierungsinformationen mit sich.

Ein Teil der Abwicklung wird als sogenanntes Inside-Outsourcing betrieben, das heißt, der Dienstleister wird auf dem Firmengelände des Kunden tätig, mit der Zielsetzung, den Prozess nicht auseinanderzureissen, bzw. keine vermeidbaren Schnittstellen einzubauen.[7]

---

[7] Bogaschewsky, Ronald, Strategische Aspekte der Leistungstiefenoptimierung, in: Koppelmann, Outsourcing, Stuttgart 1996

3 C-Teile-Management für Produktionsmaterial

3.1 Siemens PuLS – Outsourcing der Beschaffung von elektronischen Standard-Bauteilen[8]

Der neue Bereich Produktions- und Logistik-Services (PuLS) entstand 1997 innerhalb des Siemenswerkes Bruchsal durch Ausgliederung der Leiterplatten-Bestückung aus dem Produktionsbereich. Zu diesem Zeitpunkt war der Bedarf an bestückten Leiterplatten im Zuge der Umstellung auf die neuentwickelten Vermittlungssysteme drastisch zurückgegangen. Aufgabe des neuen Bereichs war es, trotz scharfen Preisdrucks die Auslastung der Bestückungsautomaten durch Aufträge vom freien Markt zu sichern.

In dieser Situation musste ein Markteroberungskonzept entwickelt werden, das vom Engineering von Baugruppen und Produkten angefangen, über den Bauelemente-Einkauf und eine entsprechende Beschaffungslogistik, den Musterbau, die Bestückung und Prüfung von Baugruppen, die Montage der Systeme, den Produkt- und Systemtest, einen weltweiten und attraktiven Lieferservice einschließlich Reparatur- und Austauschdienst beinhalten musste.

Die Überlegungen zur „Optimierung der C-Artikel-Beschaffung" zielten deshalb vor allem auf die Senkung der Beschaffungs- und Verwaltungskosten für diese Bauteile, den Wegfall der Bestände bis zur Entnahme für die Produktion und eine weitere Senkung der Einkaufspreise. C-Teile sind hier geringwertige Standard-Kaufteile mit geringem Versorgungsrisiko. Die in diesem Projekt entwickelte C-Teile-Versorgung wurde in dieser Form von 1998 an zwei Jahre erfolgreich betrieben.

Die Ist- und Schwachstellen-Analyse des Beschaffungsprozesses gemeinsam mit den Prozessbetreibern ergab einige wesentliche Mängel des bisherigen Systems. Viele für A-Teile notwendige Prozessschritte, die für C-Teile aber viel zu aufwändig waren. Die Einkaufsentscheidungen orientierten sich zu einseitig am Einkaufspreis, die Prozesskosten waren im Prinzip nicht bekannt. Die große Zahl von Lieferanten verursachte einen hohen Aufwand für das Lieferantenmanagement im Einkauf. Die folgende Übersicht macht dies an wichtigen Kenndaten des Beschaffungsprozesses deutlich.

---

[8] Die Informationen stammen aus einer Diplomarbeit und verschiedenen Diskussionen mit dem Projektteam von PuLS

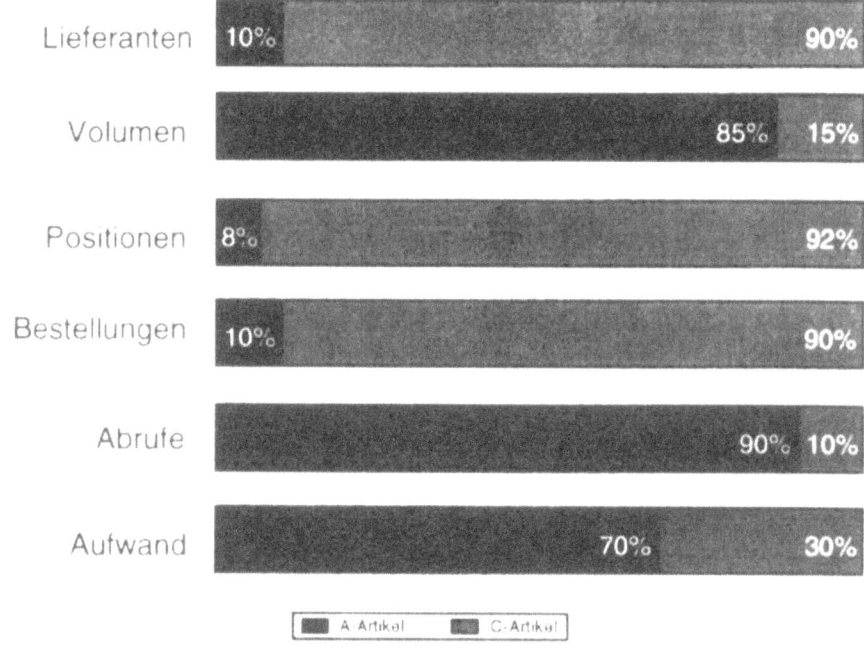

Abbildung 6: Fakten zu A- und C-Artikeln bei PuLS

Die detaillierteren Ziele für das Projekt „Outsourcing der C-Bauteile" wurden formuliert mit: Senkung der Lager-, Handlings- und Transportkosten, weniger Teile und Abbau der Bestände und weniger Lieferanten. Das Projekt sollte schnell und ohne Investitionsaufwand umgesetzt werden. Diese Zielsetzung war nur durch einen neuen Prozess mit einem kompetenten Distributor als Systempartner zu erreichen.

Die Wertung als A-Prozess ergab sich aus dem zusammengefassten Beschaffungsvolumen der ganzen C-Teile-Gruppe und dem Zwang zur reibungslosen und optimalen Versorgung der Bestückungsautomaten. Eindeutig ist, dass die Disposition, Beschaffung, Lagerhaltung und Bereitstellung der geringwertigen Bauteile für PuLS keine Kernkompetenz darstellen. Damit sind diese Einkaufsteile eindeutige Kandidaten für das Outsourcing. Andererseits braucht PuLS einen kompetenten Systempartner, der mit ihm garantiert, dass der neue Prozess höchsten Anforderungen der potentiellen Kunden an Leistungsfähigkeit und Flexibilität entspricht. Die direkten Kontakte zu den langfristig wichtigen Lieferanten mussten dabei aufrecht erhalten werden.

Nach der grundsätzlichen Entscheidung für das Outsourcing der C-Teile – aktive und passive Bauelemente, elektromechanische und einige Sonderpositionen – wurden die Anforderungen an den neuen Prozess und den erwünschten Partner präzisiert. Optimale Total Cost of Ownership, keine Rückstände aufgrund von Fehlteilen und keine Bestände mehr bei PuLS waren durch eine quasi automatische Teileversorgung und optimale Kundenberatung seitens des Distributors sicherzustellen.

Die endgültige Entscheidung für den Outsourcing-Partner SPOERLE ELECTRONIC fiel dann in einem Auswahlverfahren, das aufgrund von 19 Kriterien jeden Bewerber einordnete. Zur Gewichtung der Kriterien wurde das selbst entwickelte Verfahren des „Paarweisen Vergleichs" herangezogen: jedes Kriterium wird mit jedem anderen verglichen, ob es „viel wichtiger als", „wichtiger als", „gleich wichtig wie", „weniger wichtig als" oder „viel weniger wichtig als" ist.

Die folgenden Abbildungen stellen die grundsätzlichen Abläufe zwischen den Partnern dar:

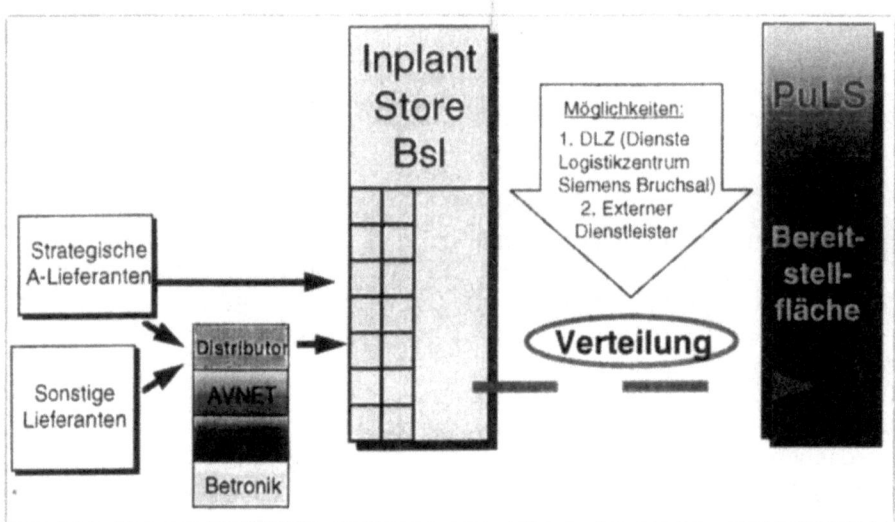

Abbildung 7: Belieferung und innerbetriebliche Verteilung

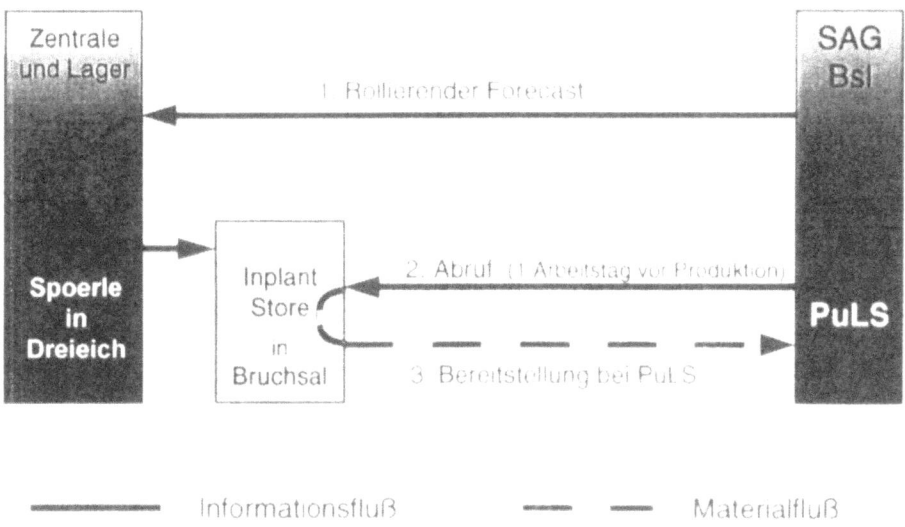

Abbildung 8: Informations- und Materialfluss

Damit PuLS schnell den neuen Prozess starten konnte, wurden in einem Letter of Intent die wichtigsten Punkte geregelt. SPOERLE erhält von PULS einen unverbindlichen Forecast und garantiert die Verfügbarkeit der Waren zum Zeitpunkt der Fertigung. Die Rechnungstellung erfolgt einen Tag nach Verbrauch auf Basis der Siemens-Einkaufspreise. Die Bestandsübernahme durch SPOERLE erfolgt zu aktuellen Siemens Einkaufspreisen abzüglich 2 %. Die Bestände im In-plant Store sichert Siemens gegen Diebstahl, Schwund, Wasser- und Feuerschäden. Bei Nichteinigung nach der Testphase kauft PULS noch vorhandene Bestände zurück und nimmt die im Forecast definierte Menge ab.

Auf dieser Grundlage konnte ein Pilotprojekt mit 30 Artikeln und einem Jahresvolumen von 1,7 Mio. DM zur Erprobung des neuen Prozesses gestartet werden. Wenige Wochen später wurden weitere 100 Artikel mit einem Jahresvolumen von ca. 2 Mio. DM zum Test freigegeben. Die Lagerbestände wurden von SPOERLE übernommen.

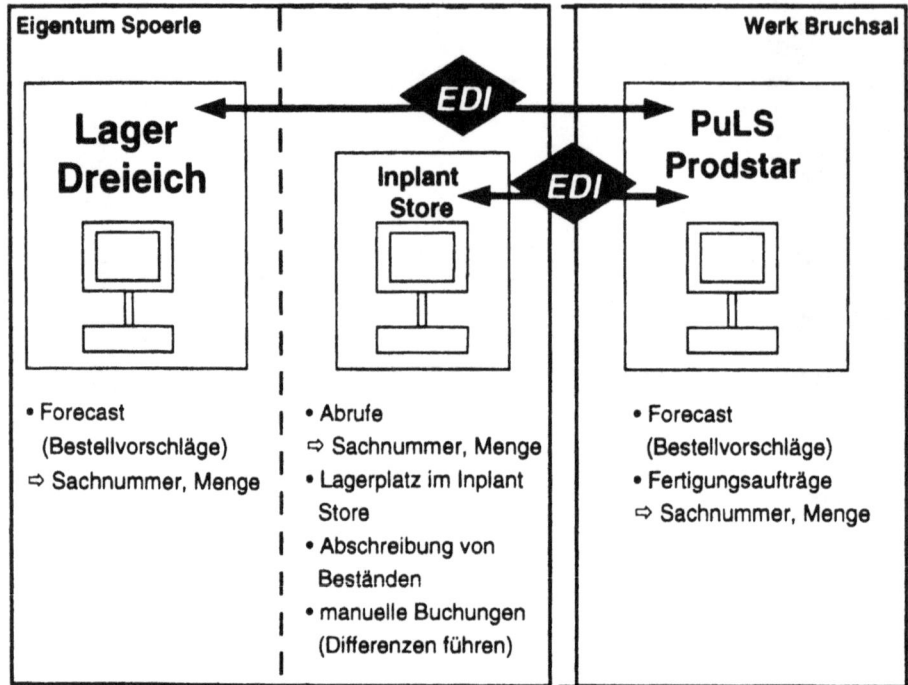

Abbildung 9: EDI

3.2 Loewe Opta – Übernahme des kompletten Versorgungsprozesses von Kunststoff-Kleinteilen durch die Kronacher Kunststoffwerke[9]

3.2.1 Ausgangssituation und Besonderheiten des Projekts

Die Loewe Opta AG (Loewe) in Kronach konnte von 1993 bis 1996 ihren Marktanteil im deutschen Fernseh-Fachhandel von 7 % auf 11,9 % steigern, womit sie den dritten Platz nach Philips und Grundig einnahm. Gleichzeitig wurde eine Exportoffensive in neue Märkte wie Nordamerika und China gestartet, die in den nächsten Jahren eine 50 %ige Steigerung des Exportanteils zum Ziel hatte.

---

[9] Der Studiengang Beschaffung und Logistik der Fachhochschule Pforzheim war direkt an der Projektarbeit mit einem Studienprojekt im WS 1997/98 und der Diplomarbeit Facchino, V., Neugestaltung des Material-Versorgungs-Prozesses am Beispiel der Loewe Opta GmbH, 1998 (unveröffentlicht) beteiligt. Der Diplomand war fünf Monate Mitglied des Projektteams.

Das hier dargestellte Projekt war Teil eines umfassenden Kostensenkungsprogramms, das diese Marktoffensive begleitete. Es wurde im Frühjahr 1998 mit dem Ziel gestartet, ab 1.1.1999 die komplette Beschaffungslogistik für Kunststoff-Kleinteile an die benachbarten Kronacher Kunststoffwerke (KKW) zu übergeben, zu diesem Zeitpunkt bereits Lieferant von mehr als 90 % dieser Teilegruppe.

Die KKW konnten seit 1992 ihren Lieferanteil kontinuierlich steigern und hatten bereits 1996 von Loewe die Kunststoff-Spritzerei mit dem gesamten Inventar übernommen. Loewe war für KKW mit einem Umsatzanteil von 16 % in 1997 der größte und wichtigste Abnehmer. Das Gesamt-Umsatzvolumen der Kunststoff-Kleinteile lag in den Jahren 1997/98 bei 3,8 Mio. DM, für das Jahr 2000 wurden 4,0 Mio. DM veranschlagt. Bis 1998 waren außer KKW an diesem Volumen noch 6 Lieferanten beteiligt, in 2000 wird der Anteil von KKW voraussichtlich bei 97,5 % liegen.

Beim Start des Projekts wurde der Wille beider Geschäftsleitungen bekundet, den gesamten Beschaffungsprozess Kunststoff-Kleinteile gemeinsam zu optimieren und in der neuen Form an KKW zu übertragen. Das schloss die beiderseitige offene Darlegung der bisherigen Prozesse und ihrer Kosten ein. Im Lenkungsausschuss und im Projektteam waren beide Unternehmen mit den jeweils verantwortlichen Bereichen vertreten. Die Projektkoordination übernahm der Logistikleiter von Loewe.

Gleichzeitig wurde als Projektstrategie festgelegt, gemeinsam mit den verantwortlichen Betreibern am konkreten Versorgungsprozess entlang das neue Gesamtoptimum zu entwickeln. Der Gesamtprozess vom Produktionsprogramm bis zur Anlieferung beim Kunden war dabei der übergeordnete Rahmenprozess, aus dem sich die entscheidenden Anforderungen an Ablauf, Qualität, Schnelligkeit und Flexibilität des neu zugestaltenden Prozesses ergaben.

3.2.2 Zielsetzung, Anforderungsprofil und Vorgehensweise

Generelles Ziel des Projekts war die optimale Gestaltung des Gesamtprozesses von der Bedarfsentstehung bei Loewe über den Lieferant KKW bis zum Verbrauch bei Loewe. Der Projektpartner KKW erhält einen Rahmenvertrag für alle Kunststoff-Kleinteile mit einer Option auf die in den Folgejahren hinzukommenden Teile. Die Kosten des gesamten Beschaffungsprozesses sind im Sinne von Total Cost of Ownership zu optimieren.

Der Projektpartner KKW übernimmt die gesamte Beschaffungslogistik von der Ermittlung der konkreten Bedarfe bis hin zur Bereitstellung in den Handlagern der Produktion bei Loewe. Für den Einkauf von Loewe entfällt damit die gesamte Bestellabwicklung für diese C-Teile. Damit ist eine wesentliche Entlastung der Einkaufskapazität verbunden. Dies wird anderen wichtigen Themen, wie der Betreuung von Systempartnern einschließlich sinnvoller Prozessoptimierungen und verstärkten globalen Beschaffungsaktivitäten zugute kommen. Für Loewe sollen die Materialbestände entfallen bei einer wesentlichen Bestandsenkung im Gesamtprozess. Schließlich wird erwartet, dass durch konsequente Standardisierung die Variantenvielfalt vermindert wird. Das Anfang Februar 1998 beschlossene Projekt erhielt den Namen POCKET[10] und wurde als Pilotprojekt für C-Teile-Management verstanden. Nach einem erfolgreichen Abschluss war vorgesehen, die elektronischen Bauelemente folgen zu lassen.

Alle Prozessanalysen wurden einschließlich Schwachstellen und Verbesserungsideen mit den Prozessbetreibern und -verantwortlichen durchgeführt und diskutiert. Nach der Dokumentation erfolgte die Bewertung des Prozesses, die unverzichtbaren Kernelemente und rationellere Gestaltungsvorschläge wurden diskutiert und mündeten in das Sollkonzept und die Darstellung der Erfolgspotentiale. Im Folgenden werden die wesentlichen Elemente und Schritte des Projekts kurz erläutert.

3.2.3 Analyse und Dokumentation des Istprozesses

3.2.3.1 Teilespektrum und erste Prognose über das Einsparungspotential

Der Gesamtumfang der Kunststoff-Kleinteile wurde in 6 Verbrauchsklassen eingeteilt. Die Teile mit hohem Verbrauch und nur gelegentlichen Schwankungen bildeten die Klassen 1 und 2, die Teile mit sehr unregelmäßigem Verbrauch und entsprechend niedriger Vorhersagbarkeit die Klasse 5, in der Klasse 6 sammelten sich die nicht mehr verbrauchsaktiven Teile. Die dazwischen liegenden Klassen 3 und 4 beinhalteten durchgehend Teile mit etwas niedrigerem aber kontinuierlichem Verbrauch. In Summe ergaben sich 165 Teile in den für das Projekt relevanten Klassen 1 bis 5.

Die Klassen 1 und 2 stellten mengenmäßig 88 %, wertmäßig 70 % des gesamten Umfangs dar. Die sehr schlecht voraussagbaren Teile der Klasse 5 machten 1997 nur 2 % der Gesamtmenge und 6 % des Gesamtwertes aus, was eine gezielt großzügige Disposition dieser Teile ermöglicht. Außerdem haben 90 % der Teileklasse einen Stückpreis unter DM 1,--. Der durchschnittliche Monatsbedarf

---

[10] **P**rozess**o**rientiertes **C**-Teile-**K**onzept mit **E**inbindung des Lieferan**t**en

dieser Teilegruppe lag 1997 bei DM 166.000,-- die Sicherheits- und Meldebestände sollen in Zukunft DM 180.000,-- nicht überschreiten.

Im Jahr 1998 wurden für diese Teile 360 Bestellungen getätigt, ca. 3000 Positionen wurden eingelagert und viermal täglich wurde angeliefert. Im Jahr 1997 war die Zahl der Bestellungen und der entsprechenden Auftragsbestätigungen des Lieferanten KKW noch doppelt so hoch, fast 1.200 Lieferscheine wurden von KKW geschrieben und entsprechende Wareneingänge bei Loewe erfasst, über 2.000 Rechnungen erhielt Loewe von KKW.

Erste noch gröbere Ermittlungen ergaben, dass bei Loewe für ca. 10 % des Beschaffungsvolumens mehr als 70 % der Prozesskosten der Beschaffung zu veranschlagen waren. Das voraussichtliche Einsparungspotential wurde in dieser Phase mit ca. DM 100.000,-- angesetzt, jeweils zur Hälfte bei Loewe und KKW.

3.2.3.2 Prozessanalyse und -dokumentation

3.2.3.2.1 Analyse und Dokumentation des Beschaffungsprozesses für Produktionsmaterial bei Loewe

Der Informations- und Materialfluss der Beschaffung wurde in Form von Ablaufdiagrammen dokumentiert und in Großformat an der Wand des Sitzungsraums visualisiert. Diese Form der für alle Beteiligten gemeinsam nachvollziehbaren Darstellung hat sich in allen Projektphasen bewährt. Schon vor der eigentlichen Prozessanalyse hatten sich die Disposition bei Loewe, die Bestellabwicklung bei beiden Partnern und die Vereinnahmung der gelieferten Ware bei Loewe als besonders personalintensiv und kostenaufwändig herausgestellt.

Disposition und Bestellabwicklung bei Loewe sind schwerpunktmäßig bestimmt durch:

- die programmgesteuerte Disposition, die monatlich dem jeweils aktuellen Produktionsprogramm entsprechend fortgeschrieben wird

- den Instanzenweg bei Loewe, der bis zur Erledigung der Bestellung zu durchlaufen ist

- die mit der Aufteilung des Prozesses zwischen Loewe und KKW verbundene Duplizierung von Bearbeitungsschritten

- die immer wiederkehrenden Kontrollen innerhalb der Prozesse.

Die programmgesteuerte Disposition galt seit Einführung der elektronischen Datenverarbeitung in den 60er Jahren allgemein als das einzig exakte und sichere Verfahren zur Bedarfsermittlung für Produktionsmaterial, der relativ hohe Aufwand für dieses Verfahren wurde in Kauf genommen. So war das auch bis zum Beginn dieses Projekts bei Loewe.

Die Verantwortung für die Bedarfsermittlung, die Abrufe beim Lieferanten und die Terminverfolgung bis zum Eintreffen der Ware im Wareneingang und die Abrufe für die Produktion liegt bei der Disposition, die der Produktionsleitung zugeordnet ist und engen Kontakt mit der Planung und Steuerung der Produktion hat. Damit sitzt die Disposition an der Quelle des Bedarfs und dessen oft sehr schneller Veränderung. Vom Informationsfluss her gesehen erscheint die Materialversorgung als integrierte Kette vom Bedarf über den Lieferanten und die Zusteuerung zu den Produktionsaufträgen in der Hand des Bedarfsträgers Produktion.

Dies allerdings mit zwei wichtigen Einschränkungen. Die Disposition ruft aus den vom strategischen Einkauf abgeschlossenen Rahmenverträgen ab, ihr Einfluss auf die Lieferanten beschränkt sich auf die aktuellen Abruftermine und -mengen. Ebenfalls in dieser Kette liegt die Verantwortlichkeit der Materialwirtschaft für die physische Logistik, den Wareneingang, die Lagerung des Materials, die Kommissionierung und die Bereitstellung des Materials an die Produktion.

Der Einkauf bei Loewe widmet sich ausschließlich den strategischen Aufgaben mit dem Schwerpunkt der Auswahl der richtigen Lieferanten auf den nationalen und internationalen Beschaffungsmärkten und den Preis- und Vertragverhandlungen. Bei der Analyse der Prozesse und deren anschließender Optimierung in diesem Projekt muss der Einkauf zum ersten Mal intensiv mit der eigenen Disposition und Beschaffungslogistik sowie der Produktions- und Distributionslogistik der Lieferanten in Projektteams zusammenarbeiten. Durch gezielte Weiterbildungsmaßnahmen und learning by doing werden die strategischen Einkäufer für die Koordination solcher Projekte befähigt.

Auch bei Loewe und KKW wurden die üblichen Kontrollschritte innerhalb des Prozesses routinegemäß ausgeführt, wie die Auftragsbestätigung, deren Abgleich mit der Bestellung, der Vergleich der Lieferscheine mit den Bestellungen in der Warenannahme, Mengen-, Qualitäts- und Rechnungskontrollen usw. Bei einer langfristigen und engen Partnerschaft sollten diese entfallen können.

Der gesamte Teilprozess „Disposition bis Bestelleingang beim Lieferanten" bestand bei Loewe aus 53 verschiedenen Teilaktivitäten, die von allen Bestellungen durchlaufen wurden. Die Darstellung des Gesamtprozesses bei KKW beinhaltet 210 Teilaktivitäten, von denen 139 auf der Strecke vom Bestelleingang bis zum

Start der Produktion, 71 vom Versand bis zur Finanzbuchhaltung anfallen. Auf den Prozessabschnitt Warenannahme bis zur Zahlung der gelieferten Ware entfallen bei Loewe nochmals insgesamt 152 Teilaktivitäten in der Prozessdokumentation, davon 82 im Bereich Warenannahme bis zur Einlagerung, 36 in der Auslagerung und 34 in der Finanzbuchhaltung.

Der größte Unterschied zwischen den Partnern lag darin, dass bei Loewe das monatliche Produktionsprogramm systematisch Produkt für Produkt und Materialposition für Materialposition abgearbeitet wird, während bei KKW jede Bestellung, wie bei vielen mittelständischen Unternehmen üblich, als Einzelauftrag abgewickelt wird. Darüber hinaus beinhaltet der KKW-Prozess noch deutlich mehr manuelle Tätigkeiten.

Insgesamt gesehen ergab die Ist-Analyse des Beschaffungsprozesses das Bild eines sehr differenzierten und aufwändigen Arbeitsablaufs mit 415 verschiedenen Teilaktivitäten, 205 davon bei Loewe und 210 bei KKW. Erheblichen Aufwand verursachen außerdem noch die häufigen Bestelländerungen durch die aktuellen Kundenaufträge bei Loewe, die erst nach den Bestellungen bei den Lieferanten eingehen.

Die wichtigste Verbesserungsidee war, den bisherigen, für die Beschaffung der Kunststoff-Kleinteile viel zu aufwändigen Prozess durch eine Form der Verbrauchssteuerung abzulösen, die weitgehend mechanisierbar, einfach und übersichtlich erscheint. Kanban für Teile mit relativ konstantem Verbrauch und ein Bestellpunktverfahren mit großzügigen Sicherheitsbeständen für die stark unregelmäßigen und kleineren Bedarfe boten sich als Lösungen an.

3.2.3.2.2 Prozessbewertung durch Prozesskostenermittlung

Für die Ermittlung der Prozesskosten wurde der detaillierte Beschaffungsprozess für jeden der beiden Partner in einer übersichtlicheren Form als Gesamtprozess mit Teilprozessen dargestellt und diese jeweils auf einem eigenen Prozesskostenblatt bewertet, exemplarisch dargestellt für die Disposition bei Loewe im Anhang dieses Buches.

Dabei wurden für jede Tätigkeitsgruppe die Kostentreiber, hier die Zahl der Bestellungen, die Prozessmenge und die geschätzte Arbeitszeit pro Vorgang festgehalten und mit Prozesskostensätzen für die jeweiligen Tätigkeiten bewertet. Die Summe der auf diese Art ermittelten Prozesskosten lag insgesamt für 1997 bei DM 358.000,-- jeweils die Hälfte bei Loewe und KKW.

3.2.3.2.3 Die Schwachstellen und Verbesserungspotentiale aus Sicht der Prozessbetreiber

Die Schwächen des Beschaffungsprozesses von Loewe und KKW wurden parallel zur Bewertung der Prozesskosten nochmals so formuliert:

- Keine Differenzierung der Beschaffungsprozesse für A- und B/C-Teile
- Zu hohe Komplexität der Prozesse, zu viele Schnittstellen und Doppelarbeiten
- Mangelnde Integration des Lieferanten
- Fehlende Transparenz und Kommunikation.

Sie zu beseitigen und neue Optimierungspotentiale zu erschließen, war die Hauptaufgabe zu diesem Zeitpunkt. Dabei waren die firmenspezifischen Eigenarten, welche die Prozessdokumentation ebenfalls deutlich machte zu berücksichtigen.

3.2.4 Zur Neugestaltung des Beschaffungsprozesses

3.2.4.1 Grundelemente der Neugestaltung

Für den künftigen gemeinsamen Beschaffungsprozess wurden von Loewe und KKW die folgenden Punkte zugrunde gelegt:

- Bereichs- und abteilungsübergreifende Zusammenarbeit
- Prozessnahe, ganzheitliche Betrachtungsweise
- Sicherheit, Durchgängigkeit, Vereinfachung, Verkürzung und Transparenz als Grundbedingungen der optimalen Gestaltung des neuen Prozesses.

Im Interesse optimaler Prozesskosten auch bei laufendem Betrieb wurde noch die Verpflichtung zu kontinuierlicher und gemeinsamer Prozessverbesserung vereinbart.

Als inhaltliche Schwerpunkte für die Neugestaltung ergaben sich im Einzelnen:

- verbrauchsgesteuerte Disposition bei KKW mit direktem Zugang zu den Bedarfs- und Bestandsdaten des SAP R/3 von Loewe
- virtuelles Kanban
- Barcode-Kennzeichnung der Begleitbelege
- neues Behälterkonzept

- einmalige Lagerung der Teile bei Loewe im Konsignationslager von KKW
- monatliche Sammelgutschrift nach Verbrauch.

3.2.4.2 Die Kernelemente des neuen Prozesses

Die wichtigste Entscheidung in dieser Phase der Neugestaltung war, den kompletten Beschaffungsprozess von der Bedarfsermittlung bis zur Einlagerung in das Konsignationslager an KKW zu übertragen. Nur die Bestandsführung im SAP R/3 und die Entnahme für die Produktion sollten bei Loewe verbleiben.

Der neue Versorgungskreislaufs startet mit dem Unterschreiten der Meldebestände im SAP-Datenbestand, das die Produktion der Teile bei KKW und die folgende Belieferung des Konsignationslagers anstößt. Die Entnahmen werden wie alle Bewegungen im neuen System mit Barcode erfasst und sind Grundlage der monatlichen Sammelgutschrift. Das neue Behälterkonzept führte zur gemeinsamen Beschaffung von 1500 neuen Behältern.

3.2.4.2.1 Verbrauchsgesteuerte Disposition bei KKW

Mit der neuen Konzeption ist bei KKW ein durchgehender Materialkreislauf entstanden. Die Produktion von Loewe greift, wie sich dies ihr Leiter ganz am Anfang des Projekts wünschte, nur noch in die von KKW gefüllte Kiste und hat ansonsten mit dem ganzen Material- und Informationskreislauf für Kunststoff-Kleinteile nichts mehr zu tun. Der enge Zusammenhang zwischen Programmplanung, Disposition und Terminsteuerung ist über SAP R/3 und die Extranet-Verbindung zwischen Loewe und KKW sichergestellt.

Das neue Beschaffungsverfahren wird als virtuelles Kanban verstanden, weil den Anstoß für die Nachversorgung das Unterschreiten des Meldebestands in der Bestandsführung von SAP R/3 „virtuell" gibt. Die Sicherheits- und Meldebestände wurden einvernehmlich von beiden Partnern festgelegt. Sie entsprechen der Durchlaufzeit von zwei Wochen für die Produktion der Teile und die Belieferung des Konsignationslagers. Die vereinbarte Bestandshöhe von DM 180.000,-- wurde bisher nicht überschritten. KKW disponiert auf Basis der SAP-Bedarfs- und Bestandslisten, die von Loewe über Extranet zur Verfügung gestellt und in Excel-Formate umgewandelt werden. KKW gibt für seine Produktion optimale Losgrößen vor.

Dieses „virtuelle Kanban", unterscheidet sich von dem klassischen Verfahren in mehrfacher Hinsicht:

- der Bedarfsanstoß ist ein nach dem Verbrauch der Perioden dynamisch ermittelter Bestellpunkt, also keine feste Menge,

- der verantwortliche Disponent bei KKW kennt die zukünftige Bedarfsentwicklung nach dem jeweils aktuellen Stand der Produktionsprogrammplanung immer über seinen Einblick in das SAP R/3 von Loewe. Damit kann er wesentliche Bedarfsveränderungen in der Zukunft rechtzeitig erkennen und in der eigenen Produktion und Materialversorgung geeignete Maßnahmen einleiten.

Dieses einfache, übersichtliche, wenig aufwändige und von beiden Seiten jederzeit nachvollziehbare Dispositionsverfahren hat seit seiner Installation bei KKW zu einer Teileversorgung ohne systembedingte Fehlmengen beigetragen. Fehlteile traten nur bei Werkzeugbrüchen oder erheblichen kurzfristigen Bedarfssprüngen auf.

3.2.4.2.2 Das Konsignationslager

Die Einrichtung des Konsignationslagers unmittelbar neben Wareneingang und Produktion bei Loewe ersetzt die bisherigen zwei Lager bei KKW und Loewe. Die dort eingelagerten Teile verbleiben bis zur Entnahme für die Produktion im Eigentum und im Bestand von KKW. Die Bestände werden im SAP R/3 von Loewe geführt. Das Lager ist ein offenes Lager ohne jegliche Absperrungsvorrichtungen, dessen Verantwortung allein bei KKW liegt. Die Einlagerung der Teile übernimmt der Fahrer von KKW.

3.2.5 Gesamtwertung des Projekts

Die gesamte Prozesskosten-Ersparnis betrug per Mai 99 DM 108.000,-- und lag damit mit 30 % fast ein Drittel über dem vorgegebenen Soll. Für Loewe allein bedeutet dies eine Kostensenkung um 52 %, bei KKW wurden trotz der Übernahme des Loewe-Prozesses noch 9 % Kosten eingespart bei einem vorgegebenen Soll von 5 % Mehrkosten. Eine lange Liste weggefallener Arbeitsvorgänge und Formulare belegt diese Prozessoptimierung. Die Bestände wurden insgesamt um 32 % gesenkt, bei Loewe auf Null. Für KKW bedeutet das allerdings eine Bestandserhöhung um DM 80.000,--.

3.3 Loewe Opta – Übergabe der C-Teile-Versorgung elektronischer Bauelemente an den Distributor RUTRONIK

Noch während das Pilotprojekt POCKET mit den ersten 30 Teilen lief, startete Loewe im Sommer 1998 das Projekt PROGRESS![11] Auch hier wurden ein Projektteam und ein Lenkungsausschuss benannt, die Projektkoordination übernahm ein Einkäufer. Die Prozessanalyse konnte aus dem Projekt POCKET übernommen werden. Potentielle Lieferanten bzw. Distributoren gab es hier nicht von Anfang an.

Zur Auswahl standen 1.118 Elektronikteile mit einem Gesamtvolumen von mehr als 100 Mio. DM p.a., die von ca. 100 Lieferanten bezogen wurden. Für das Jahr 1999 wurden rund 20.000 Wareneingänge mit insgesamt ca. 40.000 Lieferpositionen erwartet bei einer durchschnittlichen Bestandsreichweite von 2 - 3 Wochen. Insgesamt waren neun Personen in der Beschaffungslogistik und Disposition, eine weitere mit der Rechnungsbearbeitung beschäftigt. Die jährlichen Prozesskosten wurden mit ca. 1,1 Mio. DM veranschlagt.

Als Zielsetzung für das Projekt wurde eine Halbierung der Prozesskosten vorgegeben, die durch folgende Vorgaben erreicht werden sollte:

Keine Disposition
Keine Warenannahme
Kein Wareneingang
Keine Lagerhaltung
Nur auslagern, produzieren und bezahlen

Die Soll-Konzeption war aufgrund der Erfahrungen von POCKET schnell entwickelt und ist in der folgenden Abbildung optisch dargestellt. Ins Auge fällt hier die umfassende Nutzung von DFÜ für alle Datenbewegungen zwischen Loewe und den potentiellen Partnern.

Nach sorgfältigen Recherchen kamen für diesen Prozess 808 Positionen mit einem Gesamtwert von etwas mehr als 22 Mio. DM p.a. infrage, also mehr als 70 % der Positionen mit etwas mehr als 20 % des Beschaffungswerts und mehr als 70 % der Kosten des Ist-Beschaffungsprozesses. 90 % der Lieferanten teilten sich dieses Volumen.

---

[11] Production Oriented Global Rationalized Electronic Sourcing System; die Informationen stammen aus den Projektunterlagen und Interviews mit dem Leiter der Materialwirtschaft von Loewe und dem Leiter der Logistik von RUTRONIK.

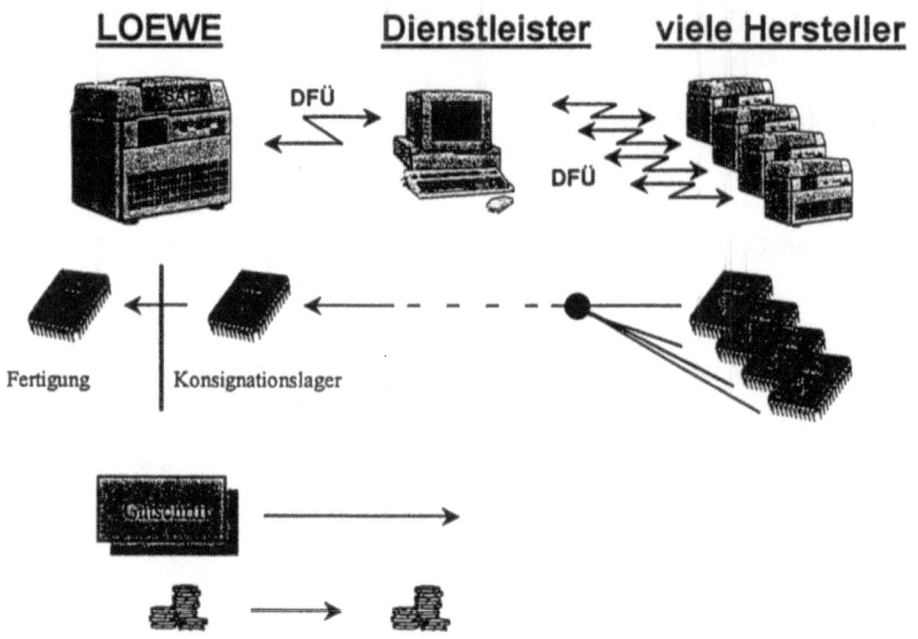

Abbildung 10: PROGRESS! Informations-, Material- und monetärer Fluss

Die Kosten des neuen Prozesses wurden insgesamt mit rund DM 400.000,-- veranschlagt, gegenüber dem bisherigen Prozess eine Kostenreduzierung um ca. DM 700.000,-- = 63 % p.a., davon 70 % in der Disposition und Beschaffungslogistik. Noch deutlicher sollen sich die Kosten der Fehlteil-Sonderaktionen um 80 % reduzieren. Die DM 470.000,-- Projektkosten für PROGRESS! werden sich innerhalb von 8 Monaten amortisieren.

Außerdem wird der Prozess wesentlich übersichtlicher und stetiger und damit auch besser zu verantworten. Diese erfreuliche Perspektive wird von den bisherigen Erfahrungen mit POCKET voll bestätigt. Die genannten Zahlen beinhalten noch keine positiven Effekte einer intensiveren Beschäftigung mit A- und Super B-Teilen.

Von vier in der engeren Wahl stehenden Distributoren wurde erhoben

- wie viele der 808 Positionen bei ihnen lieferbar sind,
- wie viele davon sie bereits heute an Loewe liefern

- und wie viel C-Teil-Konzepte sie bereits in Deutschland und in Europa praktizieren.

Der in diesem Vergleich in den letzten beiden Kategorien deutlich vorne liegende Distributor wurde ausgewählt. Die Einführung des neuen Systems dauerte von der Vorstellung des Projekts Anfang Oktober 1998 bis zur erfolgten Umstellung der aktiven und passiven Bauelemente im Dezember 1999 bzw. im Juni 2000 insgesamt 14 bzw. 21 Monate.

3.4 ALSTOM T&D – Kanban-Versorgung mit mechanischen Verbindungselementen durch die Schrauben-Großhandlung Ferdinand Gross[12]

ALSTOM T&D startete das Projekt zur Optimierung seiner C-Teil-Versorgung im Sommer 1996. Ausgangspunkt war ebenfalls ein einheitlicher Beschaffungsprozess für alle Einkaufsteile. Die Lieferzeit für die infrage kommenden C-Teile lag bei 30 bis 90 Tagen.

Insgesamt führte ALSTOM T&D die Kanban-Versorgung für vier Gruppen von C-Produktionsmaterialien mit vier verschiedenen Partnern und jeweils ca. 700 Positionen ein: für Normteile, Elektro-Kleinteile, spezielle und einfache Kabelkonfektionen. Hier wird das Grundkonzept der Normteil-Versorgung dargestellt.

Das Normteilelager, ein Durchlaufregal, ist sehr zentral zwischen Wareneingang und Produktion in einem eigenständigen kleinen Lagerbereich außerhalb des Hauptlagers untergebracht. Zum Zeitpunkt der Umstellung waren 750 Positionen Normteile zu beschaffen mit einem Verbrauchswert von DM 390.000,-- p.a.

Die Meisterbereiche versorgen sich selbstständig aus dem Normteilelager. Sie entnehmen solange aus dem vordersten Behälter bis dieser leer ist und in eine bereitgestellte Gitterbox gelegt wird. Die Gitterbox wird wöchentlich abgeholt und nach 5 Arbeitstagen mit vollen Behältern wieder angeliefert. Die angelieferten Mengen werden im Wareneingang nach einem Stichprobenplan gezählt, eine Materialprüfung findet bei ALSTOM nicht mehr statt. Den Lieferschein erhält der Einkauf, der nach diesem eine interne Bestellung erstellt und den Lagerzugang bucht.

---

[12] Die Informationen stammen aus den Projektunterlagen und Interviews mit dem Projektleiter und dem Leiter der Logistik von ALSTOM T&D.

Logistik-Konzept "Normteile"

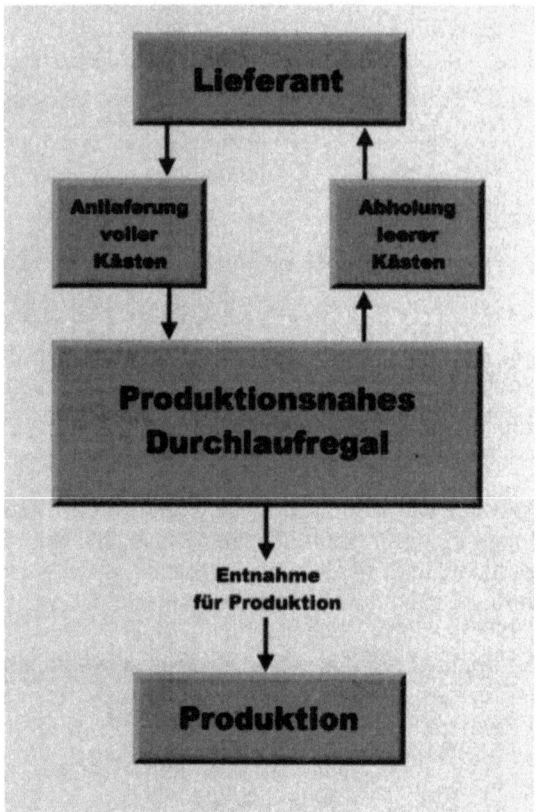

Abbildung 11: Logistik-Konzept „Normteile"

Die Konzentration auf einen Zulieferer resultierte für ALSTOM T&D in einer Senkung der Kosten des Beschaffungsprozesses um 90 %. Dies vor allem wegen des für C-Teile geeigneten Beschaffungssystems in Form eines Zwei- oder Mehr-Behälter-Kanban mit Barcode-Etiketten, dessen Fehlteilquote gegen Null geht. Dazu kommt die produktionsnahe Lagerung der angelieferten Teile ohne Ein- und Auslagerung im Hauptlager und ohne Zwischenpuffer.

Weitere Verbesserungen zum gleichen Zeitpunkt sind eine Bestandssenkung von ca. 30 % und eine erhebliche Preisreduzierung für ALSTOM trotz zusätzlicher Prozesskosten beim Distributor. Eine Reduzierung der Teilevielfalt durch Standardisierung von 750 auf 500 Positionen kommt noch hinzu.

4 Großhändler, Distributoren und Logistische Dienstleister als Partner im C-Teile-Management

4.1 Schrauben-Großhandlung Ferdinand Gross – Kanban als logistische Lösung zur Kostensenkung in der C-Teile-Versorgung[13]

Der Partner von ALSTOM T&D, die Großhandlung für Schrauben, Zeichnungsteile, Werkzeuge und Maschinen Ferdinand Gross GmbH und Co. in Leinfelden, hatte 1999 einen Jahresumsatz von 85 Mio. DM. Seit 1993 setzt Gross bei der Versorgung seiner Kunden auch Kanban ein, seit ca. 4 Jahren kombiniert mit Barcode. Die Kanban-Versorgung macht inzwischen rund 20 % des Gesamtumsatzes aus, nach Aussage des Verkaufsleiters „mit täglich steigender Tendenz". Derzeit versorgt Gross mit diesem System fast 200 Verbrauchsstandorte, davon allein 17 der Deutschen Bahn, deren Hauptlieferant für Schrauben und Zeichnungsteile sie ist. In der aktuellen Referenzliste überwiegen Abnehmer aus dem Maschinenbau mit einem Anteil von rund 60 %. Von den insgesamt 50.000 Positionen des Sortiments werden 25.000 Standardartikel und 10.000 Sonderteile als Kanban-Versorgung angeboten.

Gross selbst stellt vor allem die mit seinem Versorgungssystem möglichen Einsparungen in Einkauf und Logistik heraus. Dass das Preisniveau dem Beschaffungspotential eines Großhändlers entspricht steht dabei an erster Stelle, gefolgt von der Prozesssicherheit und -effizienz, die durch den Einsatz von Kanban und Barcode erreicht werden.

Die Disposition des Materialbedarfs auf Basis des vom Kunden vorgegebenen Jahresbedarfs liegt bei Gross, ebenso wie die Dimensionierung und Gestaltung der Kanban-Strecke und der Barcode-Etiketten. Die Barcode-Erfassung der Bewegungen mittels MDE ist inzwischen bei Gross Standard. Barcodes auf den Lieferscheinen vereinfachen die Eingangserfassung beim Kunden. Lieferschein- und Rechnungsdaten werden mit DFÜ übermittelt. Eine Verbrauchsstatistik mit

---

[13] Die Informationen stammen aus Unterlagen der Firma Gross und Interviews mit den Leitern des Verkaufs und der Logistik.

Hinweisen auf notwendige Korrekturen der Kanban-Mengen und/oder -Positionen wird pro Quartal erstellt.

Derzeit ist Gross dabei, seine Kanban-Prozessstrecke im eigenen Haus mit einem kundenbezogenen Kanbanlager zu ergänzen, in dem alle Lagerungs- und Kommissioniervorgänge computergesteuert sind. Damit entsteht ein in sich geschlossenes und integriertes Kanban-System. Es ist grundsätzlich ein Zwei-Behälter-System, in einigen Ausnahmen auch ein Mehr-Behälter-System. Im Zwei-Behälter-System werden die Behältermengen grundsätzlich am Monatsbedarf orientiert, die Abholung der leeren Behälter und die Belieferung erfolgt wöchentlich. Der Eigentumsübergang findet im Beispiel von ALSTOM T&D bei Anlieferung im Wareneingang statt. Die Abrechnung erfolgt nach Anlieferung. Gegen Bezahlung eines Zuschlags von 3 - 5 % übernimmt Gross auch die Einlagerung. Ein Konsignationslager im Eigentum von Gross ist eine mögliche Variante. Vereinzelt praktizieren Kunden von Gross in ihrer internen Auftragsabrechnung ein pauschales Zuschlagssystem für die verbrauchten C-Teile.

Um die Liefersicherheit zu gewährleisten, hält Gross grundsätzlich einen 3- bis 6-Monatsbestand vor. Aus dem gleichen Grund werden aus dem Kanban-Lager grundsätzlich nur Kanban-Kunden bedient. Sondertransporte gehören damit praktisch der Vergangenheit an.

Abschließend ist interessant, dass Gross gerade dabei ist, das Sortiment auszuweiten, damit in Zukunft zum C-Teile-Distributor für weitere Materialgruppen zu werden wie Elektroteile, Dichtungsringe, Kugellager u.a. Bei Materialgruppen, bei denen Gross kein eigenständiges technologisches Know-how besitzt, werden die Lieferanten auch gegenüber den Kunden von Gross in die Qualitätsverantwortung genommen.

4.2 Würth Industrie Service – Kanban für C-Teile[14]

Die Adolf Würth GmbH & Co. KG in Künzelsau, Großhändler für alle Arten von Montagematerialien, konnte von 1996 bis zum Jahr 2000 seinen Umsatz auf 10,0 Mrd. DM mehr als verdoppeln und beschäftigte zu diesem Zeitpunkt insgesamt 34.000 Mitarbeiterinnen und Mitarbeiter weltweit. 1993 wurde der Geschäftsbereich Industrie International gegründet und ist mittlerweile ein eigenständiges Unternehmen innerhalb des Konzerns. Schon im Jahr 1999 hatte der neue Geschäftsbereich mit 14,7 % das höchste Wachstum unter allen Divisio-

---

[14] Die Informationen stammen aus den Informationsunterlagen von Würth Industrieservice und aus einem Interview mit dem Leiter der Logistik und aus Bürkert, Rainer, Kanban für C-Teile, in: LOGISTIK HEUTE 6/2000, S. 56ff.

nen. Nach Aussagen des Beiratsvorsitzenden Reinhold Würth werden vor allem durch Gesamtbelieferungskonzepte bei der Großindustrie in den nächsten 15 bis 20 Jahren fast unlimitierte Wachstumschancen gesehen.

Am 7.2.2000 eröffnete Würth Industrie Service Bad Mergentheim mit einem Zentrallager und einem eigenständigen Kanban-Logistikzentrum (K-LZ), in dem bis heute 40 von mehr als 200 Mitarbeitern beschäftigt sind. Für das Jahr 2004 ist am Standort eine Belegschaft von mehr als 500 Mitarbeitern vorgesehen. Dieses geplante Wachstum zeigt sich auch in den Investitionen. Von den insgesamt geplanten 300 Mio. DM wurden bis Ende des Jahres 2000 bereits 60 Mio. investiert insbesondere in das K-LZ. Hier sind derzeit ca. 100.000 Artikel technischer Verbrauchsgüter wie Werkzeuge, DIN- und Normteile, kundenspezifische Zeichnungsteile, Löt- und Schweißtechnik bis hin zu Arbeits-, Sicht- und Gehörschutz u.a.m. gelagert, im Endausbau sollen es ca. 1 Mio. Artikel sein.

Bereits in den Jahren davor hatte das Unternehmen begonnen, mit seinen Industriekunden den C-Produkt-Service zu entwickeln, der hier im Mittelpunkt des Interesses steht. Einer der ersten war 1996 die Liebherr-Gruppe, die schon damals das Ziel verfolgte, ihre C-Teile in Zukunft statt von ca. 1.000 nur noch von 10 Lieferanten zu beziehen. 10 Liebherr-Werke werden inzwischen von Bad Mergentheim aus mit Kanban versorgt, davon 3 in Österreich und je eines in der Schweiz, in Frankreich und in Spanien. Bis zum Start in Bad Mergentheim waren 12 Kanban-Projekte mit Kunden abgeschlossen, im ersten Quartal 2000 kamen weitere 18 hinzu, Anfang 2001 ist die Zahl von 100 mit Kanban versorgten Standorten überschritten. Für die Wachstumsstrategie von Würth spricht, dass in den USA bereits 80 % der Industriebetriebe ihre C-Teil-Versorgung in ähnlichen Formen betreiben lassen sollen, in Deutschland erst 3 - 4 %.

Für Würth insgesamt hat der Lieferservice nach wie vor zentrale Bedeutung in der Marketing-Strategie. Durch die Kanban-Versorgung soll der Servicegrad im Industrie Service gegenüber den 98,5 % im traditionellen Würth-Geschäft noch deutlich gesteigert werden. Damit die Kanban-Bahnhöfe direkt an den Verarbeitungsorten mit höchst möglicher Sicherheit immer versorgt sind, hat Würth Industrie Service vor allem die Logistik, die Qualitätssicherung und die eigenerstellte Software für den gesamten Kanban-Prozess weiter entwickelt. Insbesondere Verwechslungen und mangelnde Rückverfolgbarkeit der einzelnen Materialien stehen dabei im Blickpunkt. Die folgende etwas detailliertere Beschreibung des Abwicklungsprozesses macht deutlich, wie diese hohe Versorgungssicherheit gewährleistet werden soll. Eine Begehung der Prozessstrecke hat diese Beschreibung im Einzelnen bestätigt.

„Grundansatz des Logistikkonzepts ist es daher, jede eingehende Ware vom Wareneingang bis zur Verbringung zum Kunden und dort bis zur Regalzeile lückenlos und beleglos verfolgbar zu machen. Wenn die Ware im Logistikzentrum eintrifft, wird sie – soweit nicht schon beim Lieferant erfolgt – zuerst mit dem entsprechenden Barcode versehen und anschließend in Behältern eingelagert, die ebenfalls mit einem Barcode gekennzeichnet sind. Die Ware verlässt die Behälter erst wieder, wenn sie sich auf den Weg zum Kunden macht. An jeder Station im Lagerprozess wird der Barcode automatisch gelesen und gebucht. Erst wenn die Ware auf ihrem Platz ist und dieser auch mit dem übereinstimmt, den das Warenwirtschaftssystem vorgeschlagen hat, erfolgt die Freigabe im Rechnersystem.

Je nach Warenart vollzieht sich die Zuordnung zum Platz direkt im Kanban- oder Reservelager. Wohin das Produkt auch fließt, es ist bereits im Endbehälter. Damit ist Umpacken nicht erforderlich und die Gefahr einer Verwechslung vermieden. Auch das Kanban-Lager ist so konzipiert, dass keine artikelbezogene Zulagerung von Behältern mehr stattfindet. Die Ware wird bereits im Kanban-Behälter nach dem Kanban-Prinzip nachgeschoben. So ist eine absolute Verfolgbarkeit der Ware gewährleistet."[15]

Das Kanban-System bei Würth Industrie Service ist ein Zwei-Behälter-System, bei großen Monatsmengen ein Mehrfaches davon. Wenn ein Behälter beim Kunden leer ist, nimmt ihn der Würth-Logistiker vor Ort auf, liest den Barcode ein und der Datensatz wird sofort per DFÜ in das Logistikzentrum in Bad Mergentheim überspielt. Der damit gemeldete Bedarf wird im Kanban-Lager reserviert, bzw. aus dem Reservelager nachgeschoben.

Der leere Kanban-Behälter trifft mit dem nächsten Rücktransport vom Kunden in Bad Mergentheim ein, wird ins System eingelesen und auf einem Tablar an den entsprechenden Abschnitt des Kanban-Lagers herangefahren. Dort wird die Ware kommissioniert, am Ende der Kommissionierstrecke sichtgeprüft, automatisch gewogen, dabei mit dem Sollgewicht abgeglichen, und es wird ein Wiegeprotokoll erstellt.

Die im Versandbereich ankommenden Behälter werden nach Kunden-Lagerorten in der richtigen Reihenfolge sortiert in Transportboxen gelegt und wöchentlich bzw. zwei-wöchentlich direkt an die Kunden geliefert. Die Einlagerung beim Kunden nimmt derselbe Würth-Logistiker vor, der die leeren Behälter einsammelt.

---

[15] Das bei Würth verfügbare ausführliche Informationsmaterial macht eine detaillierte Prozessbeschreibung möglich, die hier exemplarisch für die Ursachen der Prozesssicherheit von Distributoren steht, vor allem, wenn es um Produktionsmaterial geht.

Dabei wird er von der Lager-Software unterstützt. Durch Scannen wird sichergestellt, dass der richtige Behälter beim richtigen Kunden auf dem richtigen Lagerplatz eingelagert wird.

Dieser Prozess mit dem Würth-Mitarbeiter vor Ort gilt heute für Großkunden. Bei kleineren Kunden verbleiben die Kanban-Behälter in deren Lager, das Einlesen des Barcodes, das Befüllen des Behälters und das Verbringen des Behälters in das richtige Lagerfach werden hier durch das kundeneigene Personal vorgenommen. In naher Zukunft ist beabsichtigt, dass solche kleineren Kunden oder Standorte von Kunden durch einen Würth-„Verkaufslogistiker" betreut werden, der die Kunden einer Region mit einem Würth-Mobil betreut.

Ausgehend von den durch die Kunden gemeldeten Verbrauchsmengen für ein Jahr ermittelt Würth die Monatsbedarfe und legt gleichzeitig die Gebindemengen, die Behältergrößen und die Zahl der Behälter für den Kanban-Kreislauf fest. Generell ist der Kunde verpflichtet, wesentliche Bedarfsveränderungen umgehend zu melden, damit der Einkauf von Würth diese rechtzeitig mit den Lieferanten abstimmen kann.

Die Verbrauchsstatistiken werden von Würth erstellt und je nach Wunsch des Kunden monatlich oder vierteljährlich an diesen weitergegeben. Ein halbes Jahr nach Anlauf der Kundenversorgung erfolgt grundsätzlich eine Überprüfung der Verbrauchsmengen gemeinsam mit den Kunden. Dasselbe geschieht, wenn die aktuellen Verbrauchsmengen um +/- 20 - 30 % von der Vorgabe abweichen. Eine entsprechende Anpassung der Grunddaten der Kanban-Versorgung muss dann mit den Kunden gemeinsam verabredet und durchgeführt werden.

Treten im Kanban-Lager bei Würth einschließlich der Reserven im Zentrallager Fehlteile auf, so muss der Produkt-Verantwortliche für den entsprechenden Artikel eingeschaltet werden. Dieser ist für seine Artikel dem Vertrieb für die richtige und rechtzeitige Feststellung der Bedarfe, deren Weitergabe an die Einkäufer und Lieferanten und damit für die Verfügbarkeit der Materialien verantwortlich. Nur dieser Produkt-Verantwortliche kann im Bedarfsfall entscheiden, ob zur Deckung eines Fehlbestandes auf Reservierungen für andere Kunden zurückgegriffen werden darf.

Die Prozesskosten der Kanban-Versorgung werden auf Basis der gemeinsamen Prozessgestaltung und deren Bewertung mit den Kunden vereinbart und in Rechnung gestellt.

4.3 RUTRONIK Elektronische Bauelemente – Anbieter von Logistik-Systemen[16]

Das Unternehmen wurde im Jahre 1974 als Distributor, so heißen Großhändler in der Elektronikbranche, für aktive, passive und elektromechanische Bauelemente in Ispringen gegründet. Es vertreibt rund 40.000 Positionen, hat seinen Jahres-Umsatz in der zweiten Hälfte der 90er Jahre auf 630 Mio. DM fast verdreifacht und damit ein deutlich über dem Durchschnitt der Branche liegendes Umsatzwachstum erzielt. Im gleichen Zeitraum stieg die Zahl der Mitarbeiter und Mitarbeiterinnen in Europa um etwas mehr als das Doppelte auf insgesamt 740. Heute ist RUTRONIK einschließlich seiner Beteiligungen in fast allen europäischen Ländern präsent. Der Exportanteil liegt derzeit bei etwas mehr als 20 % des Gesamtumsatzes.

Die Logistik beschäftigt inzwischen knapp 20 % der gesamten Mitarbeiterinnen und Mitarbeiter nach einer Steigerung um 23 % im Jahr 2000. Der Grund dafür ist neben dem steilen Umsatzwachstum vor allem in der erheblichen Ausweitung der logistischen Zusatzleistungen zu sehen, die RUTRONIK seit 1998 seinen Großkunden mit steigendem Erfolg anbietet. Der Anteil der Umsätze mit Logistikleistungen hat sich in diesem Zeitraum mehr als verdreifacht.

Die neuen, modular aufgebauten logistischen Versorgungs- und Belieferungskonzepte werden gemeinsam mit Groß- und Systemkunden entwickelt, adaptiert, eingeführt und von RUTRONIK in einem einheitlichen physischen Prozess vom Wareneingang über die Lagerung und die Kommissionierung bis zum Versand abgewickelt. Für den Warentransport und die logistischen Leistungen vor Ort bei den Kunden bedient sich RUTRONIK eines Logistik-Dienstleisters. Unter den Systemkunden finden sich u.a. Namen wie Braun, EBM, Grundig und Loewe Opta. In letzterem Beispiel sind die „Liefersysteme" Kanban und Konsignationslager kombiniert mit den Bausteinen der „Systemunterstützung" Barcode, Edifact, Gutschriftsverfahren und Lagerbehälter-System.

RUTRONIK hat parallel zur Entwicklung und Verbreitung der Logistiksysteme seinen Waren- und Informationsfluss mit der entsprechenden neuen Soft- und Hardware durchgängig optimiert. Zur Sicherung einer hohen Lieferfähigkeit trägt ein Bündel von Maßnahmen bei, zu denen mindestens zwei Hersteller pro Bauteil, eine Bestandsreichweite von zwei Monaten, ein zertifziertes Qualitätsmana-

---

[16] Die Informationen zu diesem Abschnitt stammen aus einem Studienprojekt im Sommer 2000, in dem die Prozesskosten der zehn Module bei RUTRONIK einzeln kalkuliert wurden und der Diplomarbeit Probst, N., Einführung einer Prozesskostenrechnung am Beispiel eines Distributors elektronischer Bauelemente, 2000 (unveröffentlicht) Darüber hinaus führte der Autor einige Interviews mit dem Leiter der Logistik und seinem Team.

gement und das neue Logistikzentrum für zusätzlich 120 Beschäftigte zählen. RUTRONIK erreicht im Durchschnitt einen Liefer-Servicegrad von > 99 % auf die zugesagten Liefertermine, dabei spielt das selbstentwickelte Prozesscontrolling eine wichtige Rolle.

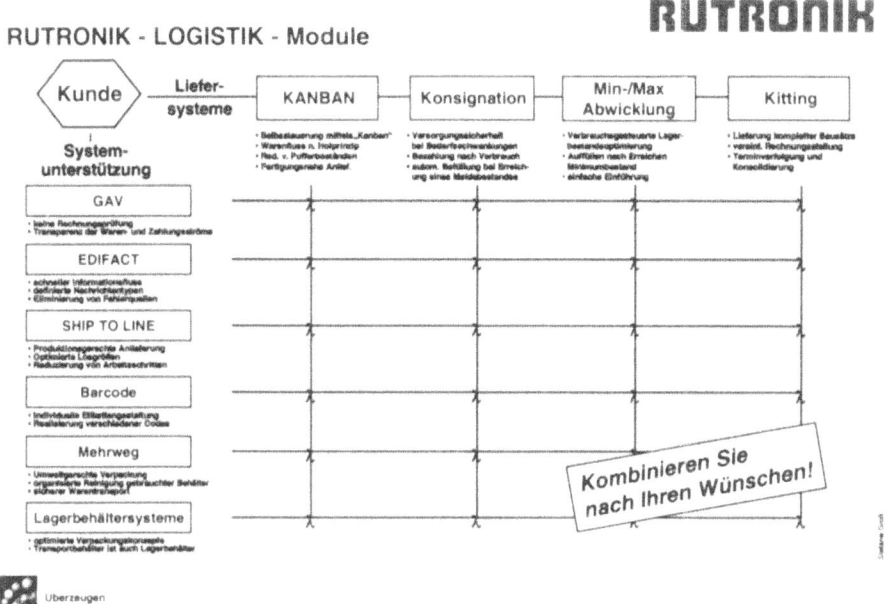

Abbildung 12: RUTRONIK-Logistik-Module

Die „9 Prozessschritte zu einer kostengünstigen Materialversorgung mit RUTRONIK Logistik" werden bei jeder Entwicklung eines kundenspezifischen Liefersystems durchlaufen.

Seitens RUTRONIK sind die Logistik und ihr Systemkunden-Team für Projekte verantwortlich, seitens der Kunden die entsprechenden Vertreter von Einkauf, Materialwirtschaft und/oder Beschaffungslogistik. Nach der Formulierung der Aufgaben und Ziele des Projekts mit der Geschäftsführung des Kunden ist eine detaillierte Analyse der bestehenden Beschaffungsprozesse, deren Schwachstellen und Verbesserungspotentialen mit den Vertretern des Kunden wichtig. Sie ist auch die Voraussetzung dafür, dass die Rahmenbedingungen des zukünftigen Versorgungs- und Liefersystems richtig festgelegt werden. Seitens RUTRONIK arbeiten dabei Produkt-, Produkteinsatz- und Verkaufsspezialisten mit der Entwicklung und der Logistik zusammen.

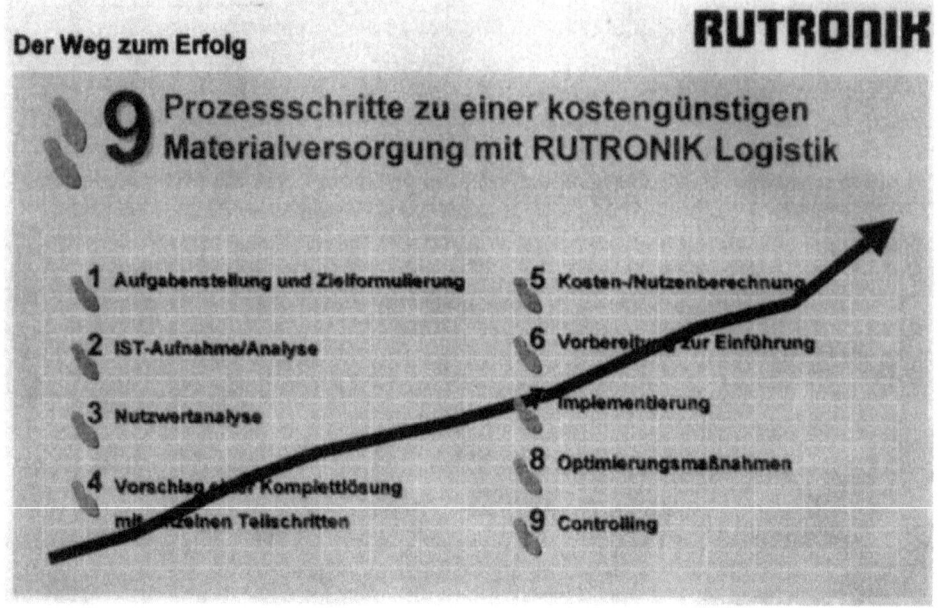

Abbildung 13: Der Weg zum Erfolg

Auf dieser Basis lassen sich die Verbesserungspotentiale ermitteln, bewerten und messen, die in einem neuen kunden-adäquaten Logistiksystem zu realisieren sind. Dazu trägt die Prozesskostenanalyse und die Festlegung der richtigen Prozesskennzahlen wesentlich bei. In aller Regel ergeben sich aus solchen gemeinsamen Prozessoptimierungen über die traditionellen Markt-Schnittstellen hinweg erhebliche Kostenreduzierungen und Beschleunigungen der Prozesse bei gleichzeitig deutlich steigender Prozesssicherheit.

Besonderer Sorgfalt bedarf es bei der Einführung des neuen Systems einschließlich der notwendigen Schulungsmaßnahmen für die betreffenden Mitarbeiterinnen und Mitarbeiter bei RUTRONIK und dessen Kunden. Bei diesen bietet die Mitarbeit bei der Entwicklung der neuen Systeme und die durch die Schulung erreichte genaue Kenntnis der neuen Prozesse eine unabdingbare Voraussetzung für das notwendige Vertrauen in die neuen Abläufe und deren hohes Niveau an Versorgungssicherheit.

4.4 SPOERLE ELECTRONICS – Prozessoptimierung bei der Beschaffung elektronischer Bauelemente[17]

SPOERLE ELECTRONICS ist seit seiner Gründung im Großhandel mit aktiven, passiven und elektromechanischen Bauelementen tätig. Seit 1985 ist es eine Tochtergesellschaft von ARROW, dem im Jahre 1999 mit 160.000 Kunden und fast 10.000 Beschäftigten weltweit größten Distributor in diesem Sektor. SPOERLE ist für Deutschland und die anderen mitteleuropäischen Länder zuständig und vertreibt derzeit ca. 75.000 Artikel an rund 35.000 Kunden. Nach einer durchschnittlichen Steigerung um 15 % in den letzten Jahren betrug der Gesamtumsatz von ARROW 1999 weltweit knapp 10,0 Mrd. US-Dollar, woran Nordamerika mit rund 60 % den Löwenanteil hatte. Im selben Jahr erzielte SPOERLE fast ein Drittel des Konzernumsatzes in Gesamteuropa, 75 % seines Umsatzes realisiert SPOERLE in Deutschland.

Interessant ist an SPOERLE in diesem Zusammenhang vor allem, dass auch hier ein Baukasten von logistischen Zusatzleistungen selbst entwickelt oder von ARROW übernommen wurde und bereits 1998 2/3 des Konzernumsatzes solche added values – C-Teile-Management, A-Teile mit Zusatzleistungen, kundenspezifische Umpackleistungen und ganzheitliche Supply Chain Lösungskonzepte u.a.m. – beinhalteten. Im Jahr 2000 realisierte SPOERLE ein Umsatzplus von mehr als 50 %, das stärkste Wachstum hatten dabei die Umsätze mit Zusatzleistungen.

SPOERLE versteht sich selbst im weltweiten ARROW-Verbund als Anbieter von Komplettlösungen zur Optimierung der logistischen Wertekette und damit als Dienstleister für seine Kunden und Hersteller. Dies aus der Einsicht heraus, dass effizientes Supply Chain Management einen durchgängigen Material- und Informationsfluss vom Lieferant des Lieferanten bis zum Kunden des Kunden voraussetzt. Dazu passt, dass SPOERLE nach eigenen Aussagen der erste europäische Distributor war, dem die Zertifizierung der CECC[18], der ISO 9002 und der IECQ[19] zuerkannt wurde. Im Dezember 1998 hat SPOERLE als erster Distributor der Welt die von der Automobilindustrie geforderte Zertifizierung nach QS 9000 erfolgreich bestanden.

Derzeit werden 15 verschiedene Zusatzleistungen angeboten, die u.a. auch für Projekte des C-Teile-Managements in Absprache mit den Kunden eingesetzt werden. Neben dem umfassenden EDI-Support für Bestellungen, Auftragsände-

---

[17] Die Informationen stammen aus internen Unterlagen von SPOERLE.
[18] Cenelec Electronic Components Committee
[19] International Electrotechnical Commission Quality Assessment System for Electronic Components

rungen, Bedarfsvorschau, Auftragsbestätigungen, Lieferavise und Rechnungen bietet SPOERLE seit der Electronica 1998 seinen Kunden Internet-Tracking, zur Information über SPOERLE selbst und seine Partner an. Mithilfe von Passwörtern können Kunde verfügbare Lagerbestände, ihren eigenen Lieferstatus u.a.m. abfragen und die gesamte Auftragsabwicklung erledigen.

Grundlage für die von SPOERLE zu übernehmende Disposition und Terminsicherung der Materialbedarfe der Kunden ist der Abschluss eines Jahresrahmens mit festgelegten Lieferkonditionen, verbunden mit einer rollierenden Bedarfsvorschau (Forecasting). Die Belieferung der Kunden erfolgt nach einem festgelegten Bestellfenster oder direkt auf Abruf entsprechend ihres Produktionsbedarfs. Dabei werden die jeweils aktuellen Forecasts der Kunden von dem SPOERLE-System aktiv angefordert, sich ergebende Veränderungen in den geplanten Mengen werden vom Dispositionssystem verarbeitet. In der Lagerverwaltung werden die für die Kunden geplanten Mengen reserviert geführt, im Konfliktfall also nicht an andere Kunden verkauft. Sie unterliegen in diesem Sinn dem Direktzugriff des Kunden.

Schwankungen der Materialbedarfe und Abweichungen gegenüber den Forecasts der Kunden werden durch ein Pufferlager abgefangen, dessen Bestand bei rund einem Monatsbedarf liegt. Auftragseingänge bis 17.00 Uhr werden grundsätzlich noch am gleichen Tag versandt. Dieser 24-Stunden-Service setzt Materialverfügbarkeit im Lager Dreieich voraus. Ein notwendiger Rückgriff auf ein anderes Distributionszentrum (DLZ) von ARROW in Europa führt zu einer Lieferzeit von 48 Stunden, von einem DLZ außerhalb Europas werden bis zu einer Woche veranschlagt.

Bei Abschluss einer Qualitäts-Sicherungs-Vereinbarung kann die Qualitätsprüfung im Wareneingang des Kunden entfallen, die Anlieferung erfolgt direkt an das Kundenlager oder dessen Produktionslinie. SPOERLE garantiert seinen Abnehmern die Einhaltung der Qualität der Hersteller nach deren allgemeinen Produktspezifikationen oder auf Anforderung des Kunden durch entsprechende Verträge mit den Herstellern. Soweit noch notwendig unterzieht SPOERLE seine Wareneingänge einer Qualitätsprüfung.

Im Rahmen ganzheitlicher Supply Chain Lösungen werden u.a. auch Belieferungskonzepte umgesetzt, bei denen für ausgewählte Artikel die gelieferte Ware zwar bereits in der Verfügung aber noch nicht Eigentum des Kunden ist. Notwendige Sicherheitsbestände liegen wegen der Synergieeffekte durch Bündelung mit dem Bedarf anderer Kunden vorzugsweise zentral bei SPOERLE.

Die In-Plant Stores, Lager in der Betriebsstätte des Kunden, bieten diesen außer den genannten Vorteilen auch die Übernahme des Materialhandlings von der Vereinnahmung im Wareneingang über die Ein- und Auslagerung, die Kommissionierung und die Belieferung der Produktionslinien an. In-Plant Terminal ist der Begriff für einen SPOERLE-Mitarbeiter vor Ort beim Kunden, der mit einem PC direkt mit dem internen System von SPOERLE verbunden ist. Er ist der verantwortliche Ansprechpartner des Kunden und eine Hilfe u.a. für die Abgabe von Angeboten, die Auftragserfassung und Terminsicherung für die Kundenaufträge der Kunden soweit SPOERLE-Materialien angesprochen sind.

SPOERLE setzt sich absolute Prozesssicherheit und damit einen Lieferservice von 100 % für sein gesamtes Teilespektrum zum Ziel. Die Gestaltung und der laufende Betrieb der Versorgungs- und Lieferprozesse vor allem muss diesem Ziel unterworfen sein. Eine wichtige Rolle auf dem Weg zum Null-Fehler-Prozess spielt aber auch das Kennzahlen-System und dessen Handhabung. In den verschiedenen Bereichen des Distributions-Zentrums Dreieich werden die Kennzahlen laufend erhoben und auf den Informationstafeln im Betrieb ausgehängt. Punkte, die auf allen Tafeln zu finden sind, sind die Abwesenheitsrate und die Schulungen und der damit erreichte Qualifikationsstand der Mitarbeiterinnen und Mitarbeiter, das jeweils aktuelle tägliche und wöchentliche Arbeitsvolumen und die verfügbaren Kapazitäten.

Auftretende Fehler, Fehler-Möglichkeiten und deren Abstellung werden laufend und umfassend dokumentiert. Die Kennzahlen für das Null-Fehler-Programm wurden auf Basis einer systematischen Fehlermöglichkeits-Analyse für alle Prozesse und deren Fehlerquellen festgelegt. Die auftretenden Fehler und deren Zahl werden statistisch erfasst und systematisch ausgewertet. Für alle Fehlerquellen wurde vom Management für die zwei Folgejahre jeweils eine Halbierung angeordnet. Seitdem werden die Fehler-Soll-Kennzahlen jährlich pro Bereich individuell besprochen und vorgegeben. Im Fall von Abweichungen werden laufende Korrekturmaßnahmen durchgeführt, wie z.B. Änderungen von Prozessabläufen oder Verpackungen, notwendige Schulungsmaßnahmen für die Beschäftigten u.a.

SPOERLE-Supply-Chain-Partnerships und neuere ganzheitliche und individuell mit den Kunden entwickelte und auf deren Bedürfnisse abgestimmte Gesamtkonzepte gehen inzwischen über die dargestellten logistischen Zusatzleistungen hinaus, wie z.B. die Übernahme der Beschaffung von kompletten Produktgruppen einschließlich Non-Franchise- oder Non-Electronic-Produkten.

4.5 EuroSourceLine – Customizing für die MRO-Beschaffung

Das nachfolgend vorgestellte Dienstleistungsunternehmen unterscheidet sich konzeptionell von vielen derzeit am Markt auftretenden Dienstleistern.

Als einziges Unternehmen seiner Art bietet es auch eine komplette Outsourcing Lösung für alle Hilfs- und Betriebsstoffe an.

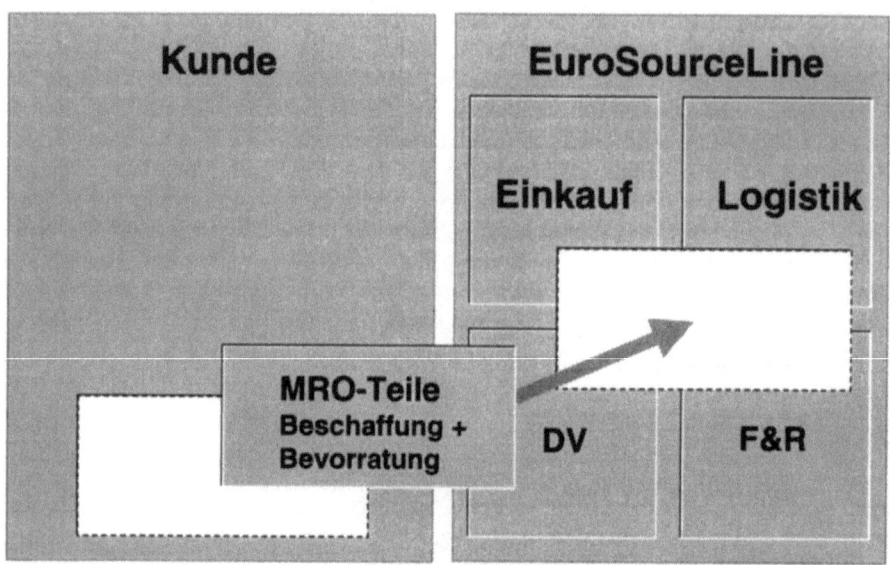

Abbildung 14: Die Organisation der Zusammenarbeit[20]

EuroSourceLine bietet kein Produkt von der Stange an, sondern wie ein Systemhaus für IT-Software ein Leistungspaket, das alle Funktionen abdeckt, das im Customizing-Verfahren mit den jeweiligen Kundenanforderungen auf dessen Belange zugeschnitten wird.

Der Kunde selbst gibt alle eigenen Aktivitäten bis hin zur internen Logistik ab und hat als einzig verbleibende Aktivität das Controlling.

Der Kontakt mit der FH Pforzheim ergab sich als Folge des Studienprojektes mit der Firma Becker Autoradio und bezog sich auf ein gemeinsam durchgeführtes

---

[20] Präsentationsfolie Firma EuroSourceLine 03/2001

Studienprojekt, dessen Aufgabenstellung die konzeptionelle Entwicklung des Internetauftritts für das Unternehmen war.

Die EuroSourceLine GmbH konzentriert sich auf das Management von Hilfs- und Betriebsstoffen sowie Instandhaltungsmaterialien. Der Einkauf von Produktionsmaterialien verbleibt beim Unternehmen.

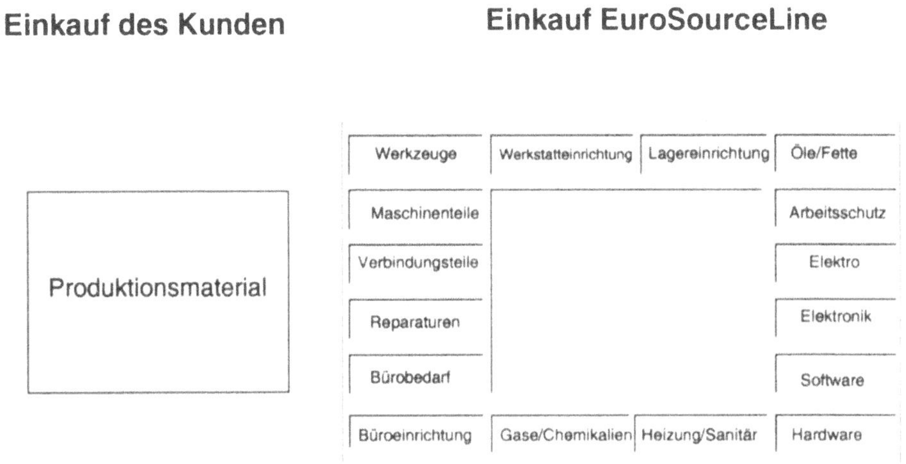

Einkauf des Kunden   **Einkauf EuroSourceLine**

Produktionsmaterial	Werkzeuge	Werkstatteinrichtung	Lagereinrichtung	Öle/Fette
	Maschinenteile			Arbeitsschutz
	Verbindungsteile			Elektro
	Reparaturen			Elektronik
	Bürobedarf			Software
	Büroeinrichtung	Gase/Chemikalien	Heizung/Sanitär	Hardware

Abbildung 15: Aufgabenverteilung beim Einsatz eines Dienstleisters für MRO-Teile[21]

Die Zielsetzung ist, die Gesamtkostensituation (Prozess- und Materialkosten) und die Effizienz in der Versorgung mit diesen Teilen durch die Übernahme der kompletten Beschaffungsfunktion inklusive Disposition und Handling für das Unternehmen nachhaltig zu steigern. Schritt für Schritt werden die Gesamtkosten reduziert, die zu erreichenden Einsparungen werden vor jeder Periode gemeinsam festgelegt. Für die Zusammenarbeit werden regelmäßige Zyklen für Kontroll- und Informationsgespräche inklusive Preisaudits vereinbart.

Der Einkaufsdienstleister versteht sich nicht als Lieferant sondern als Prozesspartner. Die kommerziellen Rahmenbedingungen werden so vereinbart, dass sie dem gemeinsamen Ziel der Kostenreduzierung gerecht werden.

---

[21] Präsentationsfolie Firma EuroSourceLine 03/2001

Bereits 1992 begann der Weg zum führenden Beschaffungsdienstleister, als erste Anforderungen nach zusätzlichen Dienstleistungen an den Technischen Handel Freudenberg gerichtet wurden. Seit 1998 arbeitet der Geschäftsbereich als rechtlich selbstständiger Einkaufsdienstleister für nicht produktive Materialien. Die Einkaufsbasis umfasst 4.000 Lieferanten, davon haben etwa 100 strategische Bedeutung. Der Umsatz hat sich von 22 Mio. DM in 1998 auf 51 Mio. DM in 2000 entwickelt, für 2001 wird eine Steigerung auf 120 Mio. DM erwartet.

Diese Entwicklung zeigt schon eine wesentliche Komponente des Erfolges: Den Bündelungseffekt in der Beschaffung. Das Unternehmen behält die Markenhoheit, kann also bestimmen, welche Produkte welcher Marken zu beschaffen sind, aber EuroSourceline hat die Hoheit in der Beschaffung, das heißt, dass alle Bedarfsfälle im vereinbarten Warensegment über den Dienstleister abgewickelt werden müssen. Dies gelingt nur, wenn der gebotene Servicelevel in der Versorgung für den Endverbraucher akzeptabel ist. Nicht der Controller entscheidet über den Erfolg oder Misserfolg eines solchen Projektes sondern der Bedarfsträger.

Die zweite Erfolgskomponente liegt im Auffinden und Reduzieren von overengineerten Produkten und in der warengruppenbezogenen Produkt-Standardisierung, die in enger Zusammenarbeit mit dem Unternehmen erfolgt.

Am Beginn einer möglichen Zusammenarbeit steht die Analyse des vorhandenen Beschaffungsprozesses. Die Analyse der Verbräuche erfolgt anhand von ABC-Analysen nach Produktgruppen und Lieferanten. Die Analyse des Einkaufspreislevels lässt Schlüsse über das realisierbare Preisreduzierungspotential zu.

Wesentlicher Schritt in der Zusammenarbeit ist die Entwicklung eines maßgeschneiderten Konzeptes. Gemeinsam mit dem Unternehmen wird der Umfang der Dienstleistung und damit auch der Servicekosten ermittelt.

Für die Unternehmen ergeben sich vielfältige Vorteile. Die Prozesse werden von der Bedarfsmeldung des Bedarfsträgers bis zur Sammelrechnung in der Finanzbuchhaltung neu strukturiert und auf die Belange der Hilfs- und Betriebsstoffe ausgerichtet. Zu den Dienstleistungen gehört die Übernahme aller bislang vom Kunden ausgeübten Beschaffungs- und Logistikfunktionen. Diese werden in die EuroSourceLine Organisation integriert. Während der Zusammenarbeit werden sowohl die Preisbasis als auch die Prozesse in einem kontinuierlichen Verbesserungsprozess weiter optimiert.

Bei Bedarf stehen weitere Module zur Optimierung der MRO-Versorgung zur Verfügung:

Sourcecard: Dahinter verbirgt sich eine Purchasing Card mit einem Workflow-Management
MySource: Ein Intra- oder Internet basierendes Informations- und Bestellsystem zum ausschließlichen Einsatz im B2B-Bereich.

Einige Kennzahlen aus einem realisierten Projekt aus Sicht des Unternehmens zeigen, wie sich ein Outsourcingprojekt mit einem Dienstleistungsunternehmen in 2 Jahren entwickeln kann.

	Ausgangssituation	**mit Dienstleistereinsatz**
Lieferantenanzahl	1.200	1
Anteil elektr. Bestellungen	30 %	90 %
Anteil elektr. Rechnungen	0 %	100 %
Teile im E-Katalog	0	300
Lagerbestand	5 Mio	2,7 Mio
Vergleichbare Materialkosten	18 Mio	14,5 Mio
Gesamte Prozesskosten	23 %	14 %
Bestellpositionen (Red. d. Standardisierung)	15.000	14.000
Anzahl Bestellsätze (Lagerumschlagserhöhung)	24.000	28.000
Anzahl Lagerpositionen	12.000	10.000
Anzahl „wilde Bestellungen"	3.600	0
Personal im Prozess (incl. Dienstleister)	23	17
Gesamteinsparung		ca. 25 %

Abbildung 16: Kennzahlen eines Outsourcingprojektes[22]

Kernkompetenz der EuroSourceLine ist der für seinen Geschäftszweck optimierte Workflow und die europäisch ausgerichtete Artikeldatenbank, die ein sinnvolles Pooling über mehrere Kundenbedarfe erst möglich macht.

---

[22] Interne Unterlagen Firma EuroSourceLine 03/2001

5 Outsourcing von Beschaffungsprozessen – Zwischenergebnisse

Von Oktober 99 bis März 2000 führte der Studiengang Beschaffung und Logistik unter der Leitung von Prof. Schottmüller eine Studie über das Outsourcing im Bereich der Beschaffung von Gütern durch.[23] Für fast die Hälfte der antwortenden Unternehmen hatte das Thema für die nächsten 2 Jahren hohe Bedeutung, für etwas weniger als die Hälfte „eine gewisse", für 5 % keine. Befragt wurden die EinkaufsleiterInnen von 1.402 Industriebetrieben mit mehr als 800 Beschäftigten in Deutschland. 60 % davon waren mittlere Unternehmen mit 1.000 bis 5.000 MitarbeiterInnen. Mehr als die Hälfte der fast 250 beantworteten Fragebögen kamen aus diesem Sektor. Ein zweiter Satz von Fragebögen richtete sich an die Verkaufsleiter von 300 Dienstleistern, überwiegend Spediteuren.

Warum beschäftigen sich die produzierenden Unternehmen und die logistischen Dienstleister erst seit Mitte und in größerem Umfang seit Ende der 90er Jahre mit C-Teile-Management? Während in der ersten Hälfte der 90er Jahre nur 28 der 250 antwortenden Unternehmen ein entsprechendes Projekt angeben, sind es im Zeitraum von 1995 bis 99 mindestens 150, d.h. fast 70 % der realisierten Projekte.

Die steigende Nachfrage nach logistischen Dienstleistungen im Beschaffungsbereich scheint aus erster Sicht das Angebot der Dienstleister hervorzurufen. 70 % der antwortenden 30 Dienstleister gaben die neuen Anforderungen des Marktes als Grund für die Erweiterung ihrer Dienstleistungen an. Umgekehrt suchen alle Unternehmen bei hohem Wettbewerbsdruck dringend nach neuen Verbesserungspotentialen für ihre Kostenschwerpunkte. Erfüllt ein neues Angebot, wie das hier vorgestellte C-Teile-Management, die Erwartungen und wird es einem breiteren Kreis von Nachfragenden bekannt, erscheint die bisher latente Nachfrage plötzlich auf dem Markt und löst einen Boom aus.

„Produzierende Unternehmen übertragen ihre Verantwortung im Zuge der Konzentration auf ihre Kernaktivitäten immer stärker an Logistik-Dienstleister – bis hin zur Integration der Logistiker in die Wertschöpfungskette ihrer Kunden."[24] Diese Aussage „...und ihrer Lieferanten" ist aus Sicht der Beschaffungslogistik zu ergänzen. Als Konsequenz dessen müssen mehr und umfassendere logistische Dienstleistungen angeboten werden.

---

[23] Vgl. Dürr, M., Marberg, L., Outsourcing von Beschaffungsprozessen – empirische Analyse der aktuellen Marktsituation..., Diplomarbeit 2000 (unveröffentlicht)
[24] NN, Mit Mehrwert rentabler, in: LOGISTIK HEUTE 6/2000, S. 50f.

Das muss sich für beide Seiten rentieren. Zu den in den Praxisbeispielen dargestellten Erfolgspotentialen der Unternehmen kommen die positiven Effekte einer qualitativen Wachstumsstrategie der Logistik-Dienstleister, die Ihnen „eine vielfach höhere Rentabilität als nur durch geografische Expansion" des traditionellen Geschäfts bieten. Die durchschnittliche Umsatzrendite von Speditionen liege demnach bei 1,4 %. Dienstleister, die „Design, Reorganisation und eigenverantwortliches Management von Warenströmen" übernähmen erwirtschafteten dagegen durchschnittlich 5,7 %.

Stehen bei den nachfragenden Unternehmen alle beschaffungslogistischen Prozessschritte als Outsourcing-Projekte zur Disposition, für das Kerngeschäft des Einkaufs gilt das nicht. Die Auswahl der Lieferanten und die Preis- und Vertragsverhandlungen bleiben Kerngeschäft des unternehmenseigenen Einkaufs und damit Kernkompetenz der Unternehmen für alle A- und Super-B-Positionen einschließlich der im Rahmen des C-Teile-Managements neu entstehenden A-Prozesse.

In einem kurzen inhaltlichen Fazit aus den Praxisbeispielen können folgende Voraussetzungen für eine erfolgversprechende Realisierung von Konzepten zum Outsourcing beschaffungslogistischer Prozesse herauskristallisiert werden:

- Funktions- und unternehmensübergreifende Zusammenarbeit
- Professionelle Projektorganisation
- Sorgfältige Analyse der Outsourcingpotentiale
- Strategischer Einkauf verbleibt uneingeschränkt beim Abnehmer
- Leistungsfähige Systemlieferanten und Logistikdienstleister als Prozesspartner
- Gemeinsam gestalteter und vertraglich fixierter neuer Beschaffungsprozess
- Win-win-Beziehung für alle Partner.[25]

---

[25] Vgl. dazu den Beitrag des Autors Horst Sackstetter, Wege zur Optimierung der Beschaffungsprozesse, in: Manfred Strub (Hrsg.), Das große Handbuch Einkaufs- und Beschaffungsmanagement, Landsberg 1998

Teil II

Umsetzung von C-Teile-Management-Projekten

1 Anmerkungen zum praxisorientierten Theorie-Teil

Im zweiten Teil dieses Buches wird ausgehend von der aktuellen Situation und der veränderten Aufgabenstellung in der Mehrzahl der Unternehmen die Entwicklung der neuen Anforderungen und deren Problematik für die Einkaufsfunktion herausarbeitet. C-Teile werden in ihrer vielfältigen Bedeutung dargestellt und eine übergeordnete Definition abgeleitet. Ausgehend von dieser Definition wird das C-Teile-Management als Beschaffungsstrategie dargestellt.

Anhand eines Leitfaden zur Realisierung von C-Teile-Konzepten werden die einzelnen Schritte für eine sinnvolle Vorgehensweise diskutiert. Ein Kernelement des C-Teile-Managements stellt die Optimierung des Beschaffungsprozesses dar. Der zweite wesentliche Aspekt zeigt sich im Preisreduzierungs-Potential, das auch bei C-Teilen gegeben ist.

Eine Differenzierung der Beschaffungsobjekte erfolgt nach deren direktem Eingang in die Produkte und in die sogenannten sonstigen Beschaffungsobjekte, die sowohl Hilfs- und Betriebsstoffe als auch sporadisch in den Unternehmen anfallende Bedarfe umfassen.

Unter Berücksichtigung derzeit diskutierter Lösungsansätze werden mögliche Umsetzungsstrategien erörtert. Es zeigt sich, dass wesentliches Ziel des C-Teile-Managements sein muss, spezifische Prozesse für unterschiedliche C-Teile-Gruppen zu realisieren. Dies kann sowohl in Eigenregie als auch mit Partnern erfolgen. Diese können sowohl auf Seite der Lieferanten als auch bei reinen Dienstleistern gefunden werden. Auf die Vorgehensweise bei der Partnersuche, insbesondere wenn diese Dienstleister sind, wird eingegangen.

2 C-Teile-Management – Element der neuen Kernstrategien des Einkaufs

2.1 Ausgangssituation der Unternehmen

Um die derzeitigen Bemühungen vieler Unternehmen zur Optimierung Ihrer Einkaufsfunktionen zu verstehen, muss zunächst die Situation der Unternehmen selbst betrachtet werden. Zunehmende Globalisierung und weitgehend gesättigte Märkte haben zu einem hohem Wettbewerbsdruck geführt. Dazu treffen Unternehmen in dynamischen Märkten auf immer selbstbewusstere Kunden mit immer individuellerer Nachfrage. Diese Individualisierung führt bei den Produzenten zwangsläufig zu mehr Produktvarianten bei gleichzeitig kleiner werdenden Losgrößen.

Praxisbeispiel: Deutsche Automobil-Industrie bei einem Fahrzeug der Mittelklasse: 10.080 Varianten für den Stoßfänger vorne, 300 für den Stoßfänger hinten, 38 für die Seitenverkleidung.

Die Produktlebenszyklen werden zusehends kürzer. Die Automobilindustrie geht von Modellwechseln alle 3 - 4 Jahre aus, dazwischen liegt regelmäßig ein Facelifting. Unternehmen, die mit diesem Innovationstempo Schritt halten wollen, müssen schnell auf die Kundenwünsche eingehen, schnell reagieren und sich anpassen können und müssen demzufolge schlanke Strukturen haben. „Lean" wird ein Unternehmen, wenn es sich auf seine Kernkompetenzen konzentriert, also auf die Tätigkeitsfelder, in denen das Unternehmen über spezielle Kompetenzen verfügt, um sich von anderen Mitbewerbern abzuheben.[26]

Untersuchungen aus der Praxis zeigen, dass in vielen Unternehmen die A-Verkaufsartikel, die den wesentlichen Beitrag zum Unternehmenserfolg leisten, mit deutlich geringerem Aufwand an Personal und finanziellen Mitteln hergestellt werden, als die C-Verkaufsartikel, die sich bei genauer Betrachtung als die Kostentreiber darstellen.

Praxisbeispiel: Bei einem Automobilzulieferer wurden mit 1 % der Produkte über 90 % des Umsatzes erwirtschaftet. Dafür war etwa 50 % des „dem produktiven Bereich zurechenbaren" direkten und indirekten Personals im Einsatz. Die anderen 50 % des Personals kümmerten sich um die übrigen 99 % der Produkte, erzielten mit ihrem Wirken allerdings nur rund 10 % des Umsatzes.

---

[26] Kluck, Dieter, Materialwirtschaft und Logistik, Stuttgart 1998

Dies gilt analog für die Beschaffungsseite. Eine Konzentration auf die Kernkompetenzen führt deshalb fast zwangsläufig zu einer Reduzierung der Komplexität und zum Aufbau und zur Sicherung von Zeit- und Kostenvorteilen. Zu deren Realisierung muss ein Ziel des Unternehmens sein, das Management der Wertschöpfungskette zur Kernkompetenz werden zu lassen, entsprechend der Bedingungen der zu optimierenden Teilprozesse. Konzentration auf Kernkompetenzen muss hier auch heißen, mit der eigenen Kraft die „A-Prozesse" zu optimieren und „C-Prozesse" unter Umständen an Partner abzugeben, die in Handels- und/oder Logistikprozessen ihre Kernkompetenz haben.

Praxisbeispiel: Gerade die exotischen Produkte erzeugen oft erhebliche Probleme. Diese Komplexitäts-Treiber erfordern häufig spezielle Abläufe, die nur schwer im Unternehmens-IT-System abgebildet werden können. Die Folge: Installation von manuellen Organisationen, von parallelen IT-Systemlösungen, oder es bleibt bei reiner Improvisation.

2.2 Entwicklung von Einkauf und Materialwirtschaft

Wie haben sich Einkauf und Materialwirtschaft in diesem Umfeld entwickelt? Der Einkauf stand bis in die 80er Jahre in vielen Unternehmen im Schatten von Vertrieb und Produktion. Jahrzehntelang wurde in vielen, insbesondere mittelständischen Unternehmen nicht erkannt, welch große Ratiopotentiale mit einer aktiven Einkaufstätigkeit zu erschließen sind. Die Materialwirtschaft war in den meisten Unternehmungen ausschließlich auf die Versorgung der eigenen Produktion ausgerichtet. Einzukaufen war, was für die Fertigung gebraucht wurde. Die Fertigungstiefe der Unternehmen war relativ hoch, der Wert der zugekauften Komponenten meist gering. Dies im Gegensatz zu heute, wo die Fertigungstiefe immer weiter sinkt, wo verstärkt Module und Systeme eingekauft werden und dabei die Preise der eingekauften Objekte und die Einkaufsvolumina insgesamt steigen (Abb. 17).

Praxisbeispiel: Reduzierung der Fertigungstiefe beim Waagenhersteller Bizerba von 80 % auf 20 % innerhalb von 10 Jahren (Vortrag Herr Stapf, Bizerba, BME-Kongress 1999)

Im Vordergrund der Einkaufstätigkeit stand die Bearbeitung von Bedarfsanforderungen aus Produktion, Technik oder Verwaltung, die Suche nach geeigneten Lieferanten, die Vereinbarung von Preisen und die Abwicklung der Beschaffungsvorgänge bis hin zur Terminüberwachung, zum Reklamationswesen und zur Rechnungsprüfung. Im Einkauf wurden alle Bedarfsanforderungen, unabhängig vom Bestellwert, nach dem weitgehend gleichen Schema und mit ähnlichem Aufwand bearbeitet. Die zeitliche Inanspruchnahme durch diese Routinetätigkeiten war dementsprechend hoch. Informationssysteme waren nicht oder nur eingeschränkt verfügbar, die Kommunikation zwischen Einkauf und Lieferant beschränkte sich meist auf den Postweg und verlief darüber hinaus weitgehend unstrukturiert.

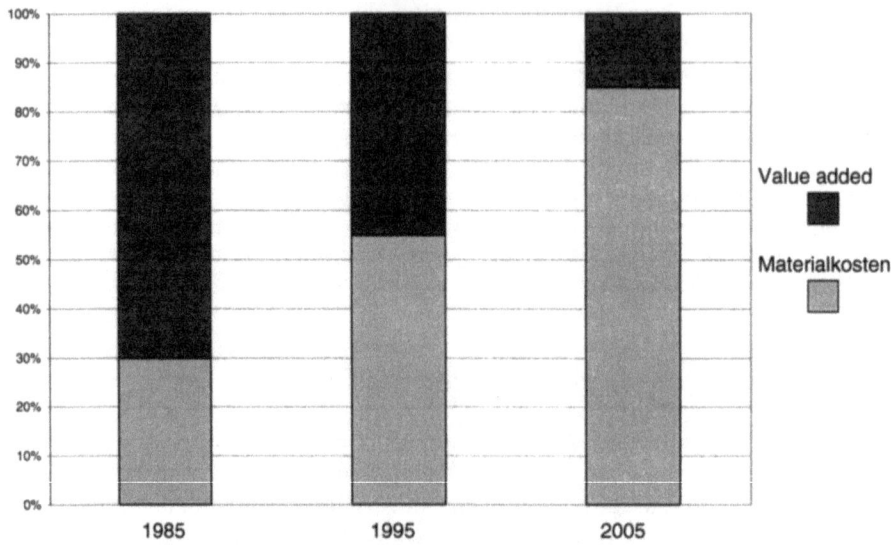

Abbildung 17: Verringerte Fertigungstiefe (nach Soellner 1999[27])

Praxisbeispiel: Noch 1982 gab es in einer Einkaufsabteilung mit einem Einkaufsvolumen von 120 Mio. p.a. und über 20 Mitarbeitern nur 4 Telefone mit Amtsanschluss.

In welche Aggregate werden die eingekauften Teile eingebaut? Welche Geometrien haben die Teile? Welche Tätigkeiten sind in Lager, Wareneingangskontrolle und Produktion durchzuführen bis die Teile eingebaut werden können? Alles Fragen, mit denen sich der Einkauf allenfalls zufällig beschäftigte. Der Einkauf galt im Unternehmen als kaufmännische Funktion, technische Kenntnisse waren meist von nachrangiger Bedeutung. Es galt, die benötigten Materialien zuverlässig und so preisgünstig wie möglich einzukaufen. Dienstleistungen, Investitionsgüter, aber auch geringwertige Güter wurden häufig von den Fachabteilungen selbst „angefragt" und „in Auftrag gegeben", der Einkauf war lediglich für die Bestellschreibung und die nachgeordnete Auftragsabwicklung zuständig.

---

[27] Soellner, F.N., Mackrodt, C., Leadership Practices in Procurement Management, in: Hahn, D., Kaufmann, L. (Hrsg.), Handbuch industrielles Beschaffungsmanagement, Wiesbaden 1999

Der allmähliche Einzug moderner Informations-Technik Anfang der 80er Jahre unterstützte den Einkauf bei der Bedarfsermittlung von Produktionsmaterialien und der Bestellschreibung, allerdings blieben die übrigen operativen Aufgaben weitgehend unverändert. Immerhin konnten nun mehr Positionen pro Zeiteinheit bearbeitet werden, die Bedarfstermine konnten exakter ermittelt und die Lagerbestände dispositiv verwaltet und damit auch besser gesteuert werden. Der Rechnereinsatz für die Erledigung strategischer Aufgaben war aber immer noch eher die Ausnahme.

Praxisbeispiel: Der Einsatz eines PCs im Einkauf eines Automobilzulieferers war 1985 eher eine Ausnahme: „Was wollen Sie denn mit einem PC im Einkauf?"

Eine Folge eines weitgehend fehlenden Lieferantenmanagements war zwangsläufig eine hohe Lieferantenvielfalt. Oft fiel die Entscheidung für einen Lieferanten aufgrund des Preises, die übrigen im Prozess anfallenden Kosten wurden nicht gesehen. Deshalb waren die logistischen Abläufe alles andere als optimal.

Praxisbeispiele:

Anlieferung von 16 Paletten Passiver Bauelemente in einem Werk, Weitertransport von 14 Paletten mit dem eigenen Fuhrpark zu einem Zweigwerk in 40 km Entfernung.

Warenanlieferung im Waschmittel-Umkarton, wiegen der Teile im Wareneingang, umpacken in werksinterne Behälter.

Bestellung über 3.768 Rohrnieten mit einem Auftragswert von < DM 3,-- und dies mehrmals im Laufe eines Jahres.

Entsprechend den überwiegend operativ orientierten Aufgaben war auch die Qualifikation des Beschaffungspersonals rein kaufmännisch und funktionsorientiert: Preise und Verträge aushandeln sowie Bestellungen abwickeln. Das unternehmensinterne Geschehen außerhalb der eigenen Abteilung „erreichte" den Einkäufer kaum, er „saß" in seinem Büro. Gezielte Weiterbildung der Mitarbeiter war eher selten, Messe- und Lieferanten-Besuche galten als „Lustreisen". In vielen Unternehmen, insbesondere der mittelständischen Industrie, arbeitet der Einkauf auch heute noch oft in ähnlichen Verhältnissen.

Ab etwa Mitte der 80er Jahre begann sich die gesamtwirtschaftliche Situation in den traditionellen Industrien zu ändern. Allmählich fand eine Wandlung vom Verkäufer- zum Käufermarkt statt und dies bei gleichzeitiger Stagnation auf vielen Absatzmärkten. Eine Ursache war die weltweit steigende Anbieterzahl bei vielen Industrie- und Konsumgütern, die durch die Öffnung und die zunehmende Internationalisierung unsere Märkte überschwemmten. Die bis dahin vorherrschende

Verteilungsmentalität in den Vertriebsabteilungen vieler Unternehmen spürte plötzlich harten Wettbewerb. Andererseits wuchs damit die Handlungsfähigkeit der Einkaufsabteilungen, die nicht mehr nur Terminen nacheilen mussten, sondern nun auch unter wertanalytischen Gesichtspunkten einkaufen konnten. Einhergehend fand die Weiterentwicklung der betriebswirtschaftlichen Instrumente in den Unternehmen statt und die Datenverarbeitung hielt verstärkt Einzug in den Einkaufsabteilungen.

Unlogischerweise hat sich die Professionalisierung der Vertriebsabteilungen (oder der Versuch dazu), die wachsende unternehmensinterne Bedeutung der Marketingbereiche scheinbar wesentlich schneller entwickelt und wurde mit wesentlich höherem Mitteleinsatz vollzogen als dies im Einkauf geschah. Dort dauerte es im Prinzip bis zur „Ära des Einkäufers Lopez", bis die Bedeutung der Einkaufsaktivitäten für die eigene Wettbewerbsfähigkeit und den Unternehmenserfolg allgemein erkannt wurden.

Der Einkauf verantwortet in den Unternehmen heute häufig einen Kostenblock, der inklusive der Logistikkosten zwischen 50 % und 80 % der Herstellkosten umfasst. Die Tendenz ist immer noch steigend.

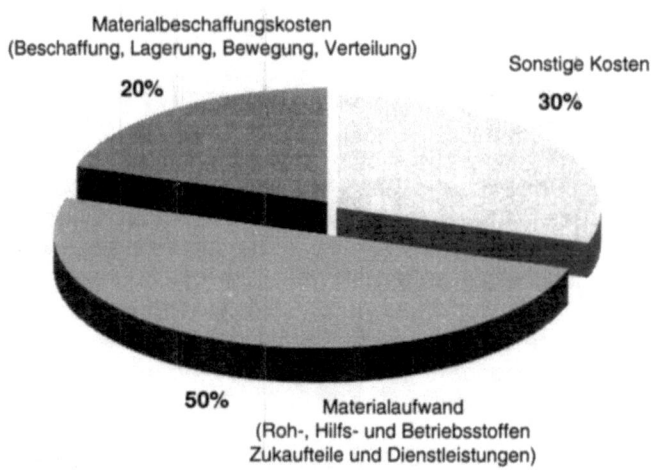

Abbildung 18: Kostenstrukturen eines Industriebetriebes (nach Mindach 1997[28])

---

[28] Mindach, Ulrich, Qualitätsmanagement im Einkauf, Gernsbach 1997

Die Konsequenz all dieser Veränderungen ist: Der Aufgabenumfang in der Beschaffung vergrößert sich ständig, die Anforderungen an den Einkäufer steigen im gleichen Maße. Der Einkäufer muss sich vom Bestellschreiber zum Prozessmanager entwickeln.[29] Nicht nur Fachwissen ist gefragt, sondern auch neues methodisches Knowhow und hohe soziale Kompetenz. Beschränkten sich früher die Aufgaben der Beschaffung auf den eigenen Funktionsbereich und die meist schwach ausgeprägte Zusammenarbeit mit den Lieferanten, so findet heute permanent die bereichsübergreifende Zusammenarbeit mit anderen betrieblichen Funktionen statt. Dabei kommt dem Einkäufer häufig die Aufgabe des Moderators zu. Statt nur Teile zu beschaffen ist immer häufiger System-Knowhow ins Unternehmen zu holen, sind Ingenieure des Lieferanten und des eigenen Unternehmens zusammenzubringen, sind Team- und Projektleiter-Aufgaben wahrzunehmen.

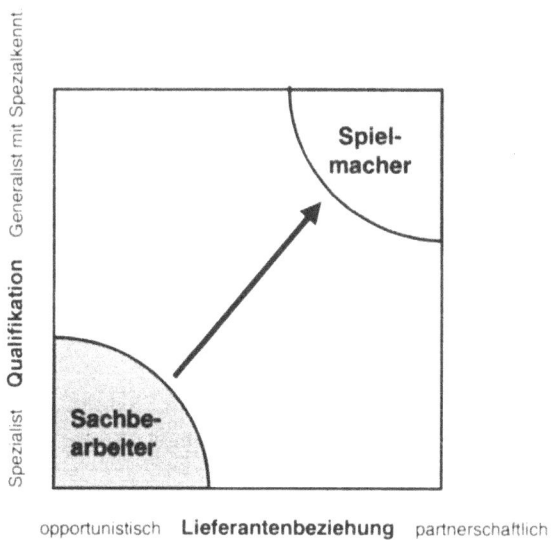

Abbildung 19: Das neue Verständnis des Einkaufs (nach Boutellier 1998[30])

Das Knowhow des Einkäufers beschränkt sich heute längst nicht mehr nur auf das zu beschaffende Produkt, die Denk- und Handlungsweisen beziehen ver-

---

[29] Sackstetter, Horst, Schottmüller, Reinhard, Lieferantenmanagement, Lieferantenentwicklung, in: Strub, Manfred (Hrsg.), Das große Handbuch Einkaufs- und Beschaffungsmanagement, Landsberg 1998
[30] Boutellier, R., Locker, A., Beschaffungslogistik, München-Wien 1998

stärkt auch die begleitenden unternehmensinternen und -externen Geschäftsprozesse ein. Der anhaltende Kostendruck führt zu neuen Themenfeldern in der Zusammenarbeit zwischen Lieferant und Unternehmen: Nicht mehr nur der günstigste Einkaufspreis ist entscheidend für die Auftragsvergabe. Der Preis weicht einer Total-Cost-of-Ownership-Betrachtung, der Prozess rückt bei Einkaufsentscheidungen immer weiter in den Vordergrund und damit die Qualität des logistischen Services (z.B. kurze Lieferzeiten, hohe Liefertreue, ...).

Der Einkauf von komplexen und unternehmensspezifischen Teilen oder Dienstleistungen erfordert heute häufig ein hohes technisches und technologisches Wissen. Der Einkäufer muss die Besonderheiten des jeweiligen Beschaffungsmarktes kennen und in der Lage sein, partnerschaftliche Lieferantenbeziehungen aufzubauen und zu pflegen.[31] Dabei muss er sich immer stärker in internationalen Beschaffungsmärkten orientieren.[32]

Im Einkauf liegt ein enormes Potential zur Verbesserung der Prozessketten des Unternehmens: Der Einkäufer wird heute bei Neuentwicklungen schon frühzeitig in Entwicklungsteams mit einbezogen. Er hat die Aufgabe, ständig geeignete Entwicklungspartner aufzuspüren und einzubinden, die zur Verbesserung der eigenen Produkte und zur Reduzierung der Entwicklungszeiten beitragen können. Die Neugestaltung der Lieferantenbeziehungen, der Aufbau und die Förderung geeigneter Lieferanten hinsichtlich Lieferfähigkeit, Liefertreue und Kooperationsfähigkeit gehören ebenfalls zum neuen Aufgabenspektrum des Einkaufs.

2.3 Optimierung der Einkaufsfunktion

Der moderne Einkauf steht folglich im Spannungsfeld zwischen den hohen Erwartungen an die optimale Erfüllung seiner kreativen und strategischen Aufgaben und dem trotz moderner Informationstechnik (IT) immer noch hohen Aufwand für die operativen Aufgaben im Auftragsabwicklungsprozess. Trotz der bislang schon erreichten Verbesserungen liegen in diesem Arbeitsbereich immer noch große Einsparpotentiale.

Praxisbeispiel: Auch heute gibt es selbst in Großunternehmen noch Einkaufsabteilungen, die Lieferantenkarteien mit allen Bestelldaten per Hand parallel zum modernen ERP-System pflegen.

---

[31] Bogaschewsky, Ronald, Strategische Aspekte der Leistungstiefenoptimierung, in: Koppelmann, Outsourcing, Stuttgart 1996

[32] Carter, J.R., Narasimhan, R., A comparison of North American and European Future Purchasing Trends, International Journal for Purchasing and Material Management 2, 1996

In allen Bereichen der Unternehmen muss die Leistungstiefe und -breite systematisch auf das aus Sicht des Unternehmens optimale Maß reduziert werden, so auch im Einkauf. Je schneller sich der Einkauf durch die Optimierung seiner Strukturen und der Abläufe, in die er integriert ist, dem ständigen und schneller werdenden Wandel anpassen kann, desto mehr kann er zur Verbesserung der Wettbewerbsfähigkeit seines Unternehmens beitragen.

Praxisbeispiel: Bei Becker Autoradio GmbH haben für den Einkauf alle Tätigkeiten Kernkompetenz-Charakter, die sich direkt auf die Produktion beziehen. Hier hat man auch starke Abhängigkeiten von anderen Unternehmensfunktionen wie Entwicklung, Produktion, Vertrieb. Diese Einkaufstätigkeiten haben also strategische Bedeutung. Alle Beschaffungsobjekte und Dienstleistungen die Nichtproduktionscharakter haben können auf den Prüfstand.

Die Weiterentwicklung der Beschaffungs-Prozesse in den Einkaufsabteilungen weg vom unstrukturierten „alles muss verhandelt werden" hin zum „strukturierten Setzen von Prioritäten bei A- und B-Beschaffungsobjekten" ist derzeit voll im Gange. Die Einkaufsverantwortlichen haben außerdem erkannt: Die Prozesse für C-Teile, egal wie man diese definiert, sind Gemeinkostentreiber. Die zeitliche Beanspruchung der Einkäufer für die Durchführung von Routinetätigkeiten bei der Beschaffung von C-Teilen ist, gemessen am Bestellwert der Teile, nicht gerechtfertigt.

C-Teile-Management ist heute als Schlagwort in aller Munde.[33] Dabei ist C-Teile-Management nicht einfach gleichzusetzen mit Outsourcing, sondern zu verstehen als die große Chance zur Prozess- und Preisoptimierung von verschiedenen Gruppen von Teilen. Die hohe Informationsqualität und -verfügbarkeit bei Einsatz moderner „E-Technologien" wird diese Tendenzen begünstigen.

3 C-Teile und C-Teile-Management

3.1 C-Teile – Begriffliche Abgrenzung

Die Literatur und die betriebliche Praxis verwenden den Begriff „C-Teile" für sehr unterschiedliche Gruppierungen von Teilen. Vor einer Auseinandersetzung mit dem Thema C-Teile-Management sollen zunächst die unterschiedlichen Definitionen und Bedeutungs-Zusammenhänge näher betrachtet werden.

---

[33] Hartmann, Horst, Materialwirtschaft und Logistik in der Praxis, Augsburg 1999

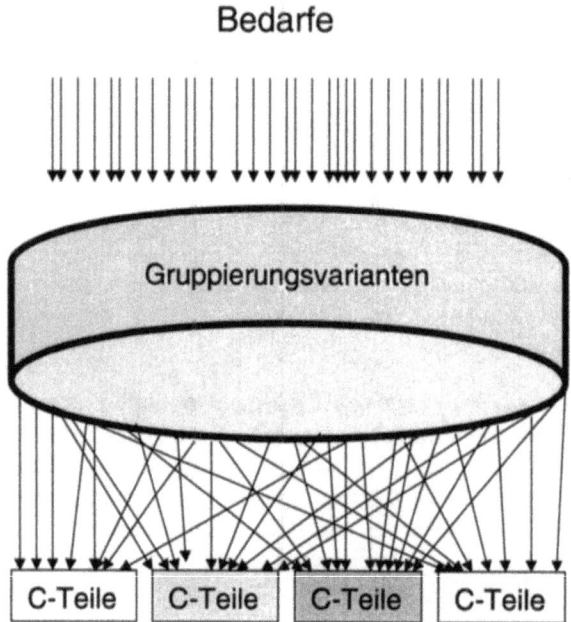

Abbildung 20: Abgrenzung von C-Teilen

Die klassische Definition eines C-Teils stammt aus der ABC-Analyse, einem Instrument, mit dem Beschaffungsobjekte nach ihrem Beschaffungs- oder Verbrauchswert klassifiziert werden können. Die Mengen und Werte der analysierten Beschaffungsobjekte stehen erfahrungsgemäß in einem bestimmten Verhältnis zueinander.[34]

Eine kleine Anzahl der Beschaffungsobjekte weist einen hohen Wert auf, die A-Teile. Dieser resultiert aus dem Produkt von (Beschaffungs-) Menge und (Beschaffungs-) Preis. Auf diese relativ wenigen Teile konzentriert sich mit Recht die Arbeit des Einkaufs: Optimierung der Bestände, intensive Marktbeobachtung, Aufbau von strategischen Partnerschaften und gemeinsame Prozessoptimierung mit den Lieferanten, Mitarbeit in Standardisierungs- und Wertanalyse-Projekten u.v.m. Die A-Teile repräsentieren in der klassischen Verteilung 15 - 20 % der Beschaffungsobjekte und rund 80 % des Beschaffungswertes.

---

[34] Oeldorf, Gerhard und Olfert, Klaus, Materialwirtschaft, Ludwigshafen 1995

Umgekehrt findet man immer eine große Anzahl an Beschaffungsobjekten, die nur einen geringen Wert aufweisen, die sogenannten C-Teile. In diese Gruppe fallen normalerweise 50 - 70 % der Beschaffungsobjekte. Diese C-Teile haben am Gesamtwert der beschafften Objekte aber nur einen Anteil von 5 - 10 %.

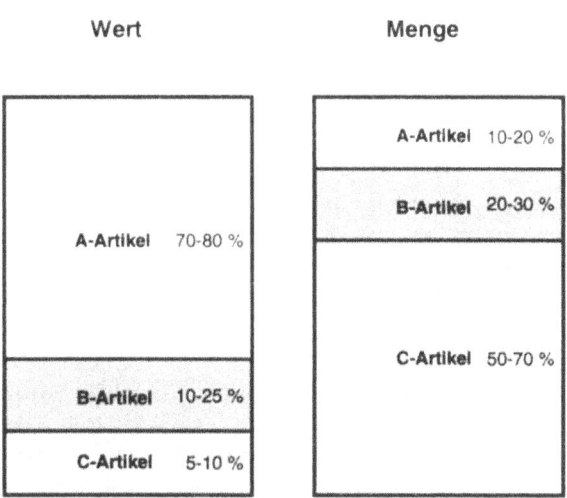

Abbildung 21: ABC Wert-Mengen-Relation

Es scheint zunächst einsichtig, dass es aufgrund der Vielzahl der Teile wenig Sinn macht, besondere Beschaffungsstrategien für jedes dieser Beschaffungsobjekte zu definieren. Da bei C-Teilen die ständige Überwachung und exakte Disposition einen sehr hohen Zeitaufwand verursachen würde, wird diesen Materialien in der Praxis oft wenig Beachtung geschenkt. Dies kann sogar bedeuten, dass man erst durch das Auftreten als Fehlteilen auf Minderbestände bei diesen Teilen aufmerksam wird und dann Maßnahmen wie Eilbestellungen eingeleitet werden müssen. Bestellschreibung, Wareneingangsprüfung, Einlagerung, Bereitstellung und Rechnungsprüfung sind aufgrund der Vielzahl an Vorgängen sehr aufwändig, geringen Artikelwerten stehen hohe Beschaffungskosten gegenüber.

Häufig werden C-Teile nur bei den Produktions-Materialien gesehen. Nicht betrachtet werden dann alle übrigen Beschaffungsobjekte, für die in den Unternehmen oft nur unpräzise Informationen vorliegen, obwohl deren gesamter Beschaffungswert nicht unbedeutend ist. In solchen Fällen werden die Beschaffungsobjekte nach ihrem Bezug zu den Endprodukten in „Produktionsmaterial" und in „sonstige Beschaffungsgüter" („GK-Materialien", „Hilfs- und Betriebsstoffe") gegliedert.

C-Teile sind dann nur diejenigen Beschaffungsobjekte, die keinen direkten Bezug zum Produkt haben. Oft werden solche geringwertigen Güter aus Gründen der Versorgungssicherheit, der Einfachheit und manchmal der Qualität vom internen Verbraucher selbst beschafft. Formal werden diese Beschaffungen üblicherweise im allgemeinen Einkauf abgewickelt.

Praxisbeispiel: In einem mittelständischen Unternehmen wurde noch vor wenigen Jahren ein Beschaffungsvolumen von rund 10 Mio. DM Nichtproduktions-Material durch die Sekretärin des Einkaufsleiters praktisch ohne Preisanfrage oder Verhandlung in Auftrag gegeben, Preisstellung: „äußerst", „lt. Katalog" oder „billigst".

Ein anderer Ansatz klassifiziert die Beschaffungsobjekte entsprechend ihrer Kernkompetenz-Relevanz. Kernmaterial (Core-Business-Material) umfasst alle mit dem Produktionsprozess von Kernkompetenz-Produkten zusammenhängenden Beschaffungsobjekte (auch Hilfs- und Betriebsstoffe) und hat deshalb strategische Bedeutung für das Unternehmen. Dem sogenannten „Non-Core-Business-Material" werden dann die übrigen Beschaffungsobjekte zugerechnet, die wiederum unabhängig von ihrem Warenwert als C-Material deklariert sind.

Praxisbeispiele: Chipkleber für SMD-Bestückungs-Automaten, Ersatzteil für Engpassmaschine

Beschaffungsobjekte, die beim Lieferant oder Händler bevorratet werden, sind mit geringem Beschaffungsaufwand einzukaufen und werden deshalb häufig zu den C-Teilen gerechnet, obwohl der Wert durchaus höher sein kann.

Praxisbeispiel: Ein Maschinenbau-Unternehmen benötigt in der Fertigung Bohrer mit Stückpreisen zwischen DM -,92 und DM 556,70. Die Bohrer werden mit Artikelnummern identifiziert, gehören in dieselbe Materialgruppe und werden nach denselben Prinzipien beschafft, aber der teure Bohrer gehört fraglos nicht zu den wertmäßigen C-Teilen. Bei einer Optimierung der Beschaffungsstrategie wird es sinnvoll sein, Bohrer der gesamten Preisbandbreite einheitlich abzuwickeln.[35]
(Werte aus Diplomarbeit Bauer bei Firma SEW, Bruchsal)

Erfolgt die Einteilung der Beschaffungsobjekte nach dem Versorgungsrisiko, gehören kurzfristig lieferbare Beschaffungsobjekte unabhängig vom Wert zu den C-Teilen.

---

[35] Schneider, Herrmann, Outsourcing von Beschaffungsprozessen, Gernsbach 1998

Praxisbeispiele:

Diese Situation findet man im Maschinenbau häufig, wo viele, auch höherwertige Teile über Händler oder kleine Fertigungsbetriebe beschafft werden. Diese haben die Teile entweder lagermäßig vorrätig oder sind in der Lage, Teile bei entsprechenden Vereinbarungen auf Lager zu legen, bzw. von heute auf morgen zu fertigen und zu liefern.

Ein Lieferant von Brennteilen, aufgrund des Beschaffungsvolumens A-Lieferant für das betrachtete Maschinenbau-Unternehmen, kann innerhalb von Stunden gewünschte Teile herstellen. Mit modernen IT-Applikationen lassen sich auf einfache Weise Zeichnungen an den Lieferanten übertragen, die dort ohne großen Aufwand in Maschinensteuerungsprogramme umgesetzt werden können.

Prüft man die im IT-System eingestellten Wiederbeschaffungszeiten für Katalogteile sind dennoch 4 Wochen eher die Regel. Die Ursache sind schlecht gestaltete Prozesse mit Liegezeiten weit über 90 %: Hohe interne Durchlaufzeiten vom Bedarfsträger über Disposition zum Einkauf. Bearbeitung dort nicht täglich, Lieferant liefert nur im Wochenturnus, usw.

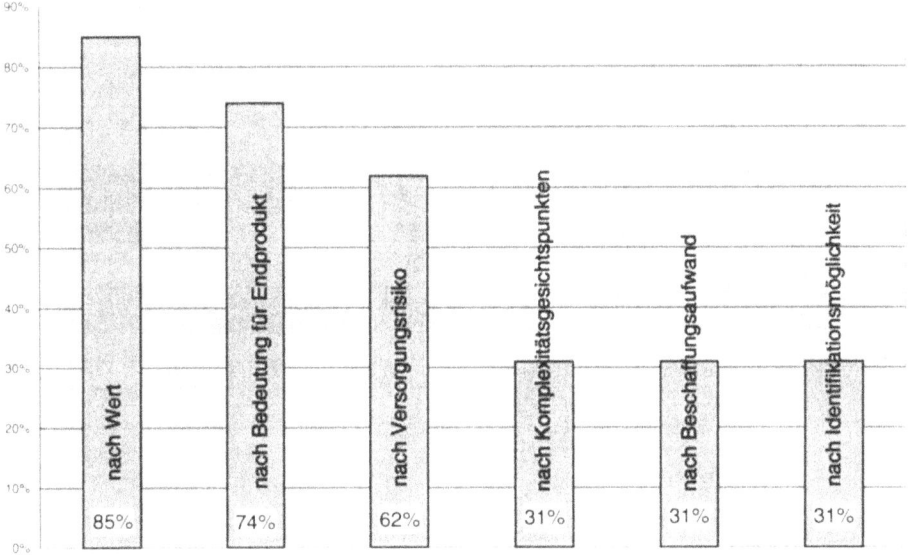

Abbildung 22: C-Teile-Verständnis der Einkaufsverantwortlichen[36]

---

[36] Umfrage des Autors bei einer BME-Veranstaltung 05/2000 in Appenweier

Gelegentlich werden alle Beschaffungsobjekte ohne Identifikationsmöglichkeit über Artikelnummer als C-Teile angesehen, und zwar unabhängig vom Teilewert.

Welche Aussagen oder Bedeutungen stehen hinter allen diesen Definitionen? Was sind denn nun C-Teile? Wo liegen die Gemeinsamkeiten?

Den vorstehenden Ansätzen wird in der Praxis ein mehr oder weniger hoher Stellenwert eingeräumt. Sicher ist dafür mit ein Grund, dass viele Vorgehensweisen leicht verständlich sind und sich hinreichender Spielraum zur sinnvollen Abgrenzung der zu betrachtenden Teile bietet. Eine Umfrage bei einigen wenigen Unternehmen zeigt, wie C-Teile in den jeweiligen Unternehmen definiert sind bzw. was Einkaufsleiter mit dem Begriff assoziieren (Abb. 22).

Zusammenfassend lässt sich festhalten: C-Teile werden hier verstanden als die Beschaffungsobjekte,

- die unter dem Gesichtspunkt des Beschaffungs- oder Verbrauchswerts von geringer Bedeutung sind,
- die einen hohen Anteil am Teilespektrum des jeweiligen Unternehmens besitzen,
- bei denen die Anzahl der Vorgänge (z.B. Bestellungen, Verkäufe, Lagerentnahmen) je Position überproportional hoch ist,
- bei denen angesichts dieser Kriterien der Bearbeitungsaufwand und damit die Prozesskosten in der Regel in keiner vernünftigen Relation zum Teilepreis stehen.

Bezugsgrößen	A	B	C
Teilezahl	10%	←——→	90%
Lieferantenzahl	20%	←——→	80%
Aufwand Einkauf/Dispo/Lager	30%	←——→	70%
Wertvolumen	90%	←——→	10%

Abbildung 23: Bezugsgrößen des Einkaufs[37]

---

[37] Vortrag Axel Minuth, Firma Loewe Opta, an der FH Pforzheim am 09.06.98

3.2 C-Teile-Management

3.2.1 Einkauf von C-Teilen in der Vergangenheit

In der Vergangenheit war die „operative Distanz" zwischen Einkauf auf der einen Seite und Logistik und Produktion auf der anderen sehr groß. Sowohl bei der Abwicklung des Tagesgeschäftes als auch bei der Entwicklung von strategischen Konzepten wurden vom Einkauf nur selten die Belange anderer unternehmensinterner Abteilungen, insbesondere nicht die der Logistik, in die Beschaffungs-Überlegungen mit einbezogen.

Dies lag nicht nur am Einkauf, sondern oft auch an dessen Gesprächspartnern auf Lieferantenseite. Genau wie die Einkäufer sahen auch die Vertriebsrepräsentanten meistens nicht den Gesamtprozess der Auftragserfüllung, sondern lediglich Preis, Liefertermin und Qualität.

Praxisbeispiel:
Es war in der Vergangenheit und ist sicher auch heute bei Einkäufern noch weit verbreitet, nach dem eigentlichen Abschluss eines Preisgesprächs und bereits festgelegtem Teilepreis noch en passant „Frei-Haus-Lieferung" zu vereinbaren, und nahezu jeder Verkäufer stimmt zu. Sicher sind die Frachtkosten in der Kalkulation nur ein unbedeutender Posten, aber insbesondere ist es beim funktionsorientiert denkenden Verkäufer eine Position, die er nicht zu verantworten hat, sondern die das eigene Unternehmen trägt, weil es sich um Distributions- oder Logistikkosten handelt.

Die Verantwortung des Einkaufs endete häufig am Tor des Wareneingangs, wenn nicht schon an der Rampe des Lieferanten. Allenfalls bei Qualitätsmängeln wurde der Einkauf nochmals aktiv. Damit nahm der Einkauf seine formal bestehenden Aufgaben hinsichtlich der Kosten der Beschaffung nur eingeschränkt auf den Einkaufspreis wahr. Insbesondere fühlte sich der Einkauf nur bedingt verantwortlich für die übrigen Kosten des Beschaffungsprozesses und für den Lieferservice.

Im industriellen Durchschnitt betragen die Bearbeitungskosten für eine Bestellung zwischen DM 150,-- und DM 250,-- . Trotzdem gibt es in den meisten Einkaufsabteilungen keine auf die unterschiedlichen Wertkategorien abgestimmten Bearbeitungsabläufe. Die Unternehmen beschaffen C-Teile mit nahezu demselben Abwicklungsaufwand wie A- und B-Teile.

Dies verdeutlicht, dass die Einstandskosten bei C-Teilen in einem unrealistischen Verhältnis zu den Bearbeitungskosten stehen. Typische C-Teile, auf die diese Aussage zutrifft, sind sonstige Beschaffungsobjekte wie Büromaterialien und Arbeitsschutzartikel aber auch Produktionsmaterialien wie Kleinteile sowie Hilfs- und Betriebsstoffe.

Dieses Missverhältnis fiel in der Vergangenheit kaum auf, da die herkömmliche Kostenrechnung keine differenzierte Betrachtung der tatsächlichen Kosten einzelner Prozessschritte ermöglichte. So wurden erfahrungsgemäß die geringwertigen Bedarfspositionen mit einem zu kleinen, die höherwertigen Beschaffungsobjekte mit einem zu hohen Gemeinkostenzuschlag versehen.[38] Dieser Sachverhalt war den Verantwortlichen zwar bekannt, wurde in den meisten Unternehmen aber ignoriert, weil die für diesen Zweck besser geeignete Prozesskostenrechnung nicht eingeführt war.

Da außerdem Preisverhandlungen und Vertragsgestaltung zentrale Aktionsfelder des strategischen Einkaufs sind, die Bestellabwicklung und damit der eigentliche Beschaffungsprozess dem nachrangigen operativen Einkauf überlassen bleibt, ist kein Raum für Prozessoptimierung und damit auch nicht für C-Teile-Management.

C-Teile-Management wurde demzufolge in der Vergangenheit eher zufällig und sporadisch betrieben und hing sehr von der Eigeninitiative der Mitarbeiter ab.

Praxisbeispiele:

Noch 1985 wurden in vielen Unternehmen Kleinteile wie auch Schrauben auftragsweise und stückzahlgenau abgewogen oder ausgezählt. Erst nachdem man sich über die damit verbundenen Prozesskosten halbwegs klar war, entschloss man sich zu neuen Strategien, z.B. nur noch ganze Verpackungseinheiten auszuliefern, die Überlieferungen festzuhalten und bei Folgeaufträgen zu verrechnen.

Viele Kleinteile wurden bedarfskonform bestellt, obwohl Lieferanten diese Teile lagermäßig in definierten Verpackungseinheiten vorhielten. Mindermengenzuschläge für Anbruchmengen mussten bezahlt werden, weil die beim Lieferant entstehenden Prozesskosten vom Abnehmer zu tragen waren.

Teilweise wurden Aufträge erteilt mit Bestellwerten unter DM 50,--. Die Kosten des eigenen Bestellprozesses waren nicht bekannt und betrugen wie die Prozesskostenrechnung heute zeigt zwischen DM 100,-- und DM 400,--. So lag es nahe, bei Teilen mit kontinuierlichem und sporadischen Bedarfen halbwegs optimale Bestellmengen zu ermitteln und auch zu beschaffen oder andere Steuerungsmechanismen wie Mehrbehältersysteme einzuführen.

---

[38] o.V., Outsourcing Teil III: Einkauf von C-Teilen, Die Prozesskostenrechnung sorgt für Vergleichbarkeit, in: Beschaffung aktuell 06/1994, S. 14ff.

3.2.2 C-Teile-Management heute

Da Unternehmen die Beschaffung von Material für den produktiven Bereich als Teil ihres Kerngeschäftes ansehen, konnte die Beschaffung dieser Teile in vielen Unternehmen, insbesondere im Zusammenhang mit der Realisierung einer JIT-Belieferung, erfolgreich optimiert werden.

Wird die Lieferantenorientierung aus dem Lean-Management-Ansatz weiter verfolgt ist es zwangsläufig, sich auch auf weniger komplexe Komponenten und unbedeutendere Lieferanten zu konzentrieren. Ohne Frage ist die zunehmende Prozessorientierung in allen Unternehmensbereichen als Ausgangspunkt für die Beschäftigung des Einkaufs mit den Fragen eines systematischen C-Teile-Managements zu sehen. Unternehmen müssen alle personalintensiven Tätigkeiten untersuchen und versuchen, dort Bearbeitungsaufwand und damit Kosten zu reduzieren.

Die Gesamtkosten bei der Beschaffung von C-Teile bestehen durchschnittlich zu 20 % aus dem Warenwert und zu 80 % aus Beschaffungskosten. Die Prozesskosten der Beschaffung setzten sich zusammen aus den

- Einkaufskosten (Kosten für Marktanalyse, Anfragetätigkeitkosten, Kosten für Disposition, Bestellauftragsabwicklung, Rechnungsprüfung)
- Logistikkosten (Kosten für Warenzu- und -abgänge, Bevorratungskosten incl. Kapitalbindung, QS-Kosten)
- Verwaltungskosten (Kosten für Budgetierung, Genehmigungsverfahren, Überwachung, Kostenrechnung)

Im nachfolgenden Bild wird die Stoßrichtung aufgezeigt, die modernes C-Teile-Management haben muss: Die Anzahl der Lieferanten, der Aufwand je Bestellung und die Vielzahl der Einzelbestellungen sind die Faktoren, die einer kritischen Betrachtung unterzogen werden müssen. Aber auch die Lagerung der Teile und die Teilepreise selbst lassen Einsparungsmöglichkeiten vermuten, wie auch die Revision des gesamten Beschaffungsprozesses, die durchaus gemeinsam mit potentiellen Partnern erfolgen kann.

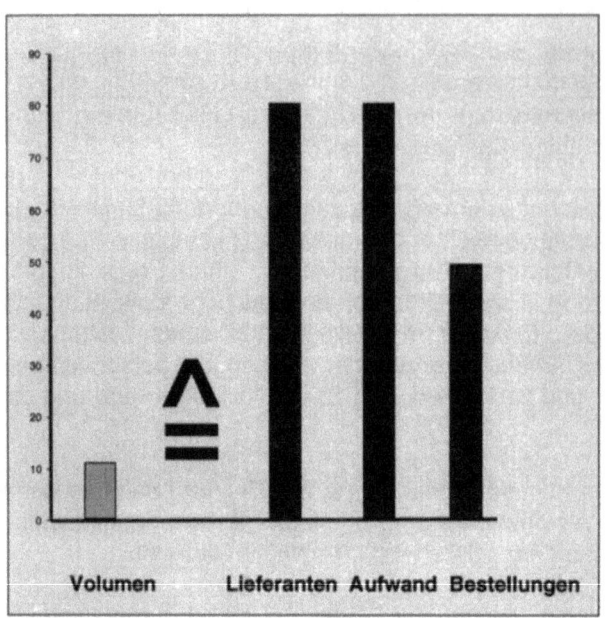

Abbildung 24: Beschaffungsparameter für C-Teile

Wie kann dieses Kostenreduzierungs-Potential, das mehr als 10 - 15 % der gesamten im Unternehmen anfallenden Beschaffungskosten umfassen kann, für das Unternehmen erschlossen werden? Bei der Analyse die Problematik ist schnell zu erkennen, dass Rezepte, die in einem Unternehmen oder bei einer Warengruppe zum Erfolg geführt haben, nicht unbedingt 1:1 auf ähnliche Situationen, auf andere Warengruppen übertragbar sind. Was gefragt ist, sind neben einer pragmatischen Vorgehensweise insbesondere kreative Ideen.

In der Prozessanalyse müssen folgende Fragen gestellt werden:
- Welche gemeinsamen Ansätze haben alle Beschaffungsprozesse?
- Wo liegen die Unterschiede bei den Prozessen?
- Welches sind die daraus resultierenden Konsequenzen?

Wer im C-Teile-Management nur eine Chance sieht, einen lästigen Prozess loszuwerden, wird auf Sicht enttäuscht sein. Ideal wäre es schon: Ein vom Lieferant entwickelter Prozess, betrieben vom Lieferant und verantwortet vom Lieferant.

Wer sich nicht selbst mit seinen C-Teilen beschäftigt, wird immer nur zweitklassige Lösungen erreichen.

Allgemeine Zielsetzungen für ein erfolgreichen C-Teile-Managements sind:

- Optimierung der Beschaffungskosten insbesondere durch
- Verbesserung der Beschaffungsprozesse und Reduzierung der Lieferantenvielfalt
- Optimierung des Lieferservices
- Transparenz über die Beschaffungsvorgänge
- Abbau von Lagerbeständen.

C-Teile-Management ist keine allgemein verwendbare neue Methode. Deshalb gibt es auch nicht die für alle Unternehmen gleichermaßen gültige Lösung. Es muss jeweils ein unternehmensindividueller und problemspezifischer Prozess entwickelt und umgesetzt werden.

Der folgende Abschnitt stellt die Einführung eines C-Teile-Managements in Form eines Leitfadens für den potentiellen Anwender dar.

4 C-Teile-Management als Projekt

Wie vielschichtig das Teilespektrum ist, welches unter dem Begriff „C-Teile" im weitesten Sinn gesehen werden kann, wurde in einem vorherigen Abschnitt diskutiert. Optimales C-Teile-Management bedeutet deshalb: Nicht eine Lösung für das gesamte C-Teile-Spektrum schaffen, sondern ein Lösungspaket optimierter Beschaffungsprozesse für verschiedene C-Teile-Gruppen.

Je nach den konkreten Lösungsansätzen können solche C-Teile-Gruppen auch aus mehreren Warengruppen zusammengesetzt sein. Es ist einsichtig, dass das C-Teile-Management nicht für alle C-Teile-Gruppen gleichzeitig in Angriff genommen werden kann. Wichtig ist aber, dass man bei allen Einzelschritten einen strategischen Gesamtansatz im Auge behält.

Praxisbeispiel: Ein Unternehmen optimiert die Versorgung mit elektronischen Bauteilen, mit Verbindungselementen und reorganisiert die Büromaterialorganisation. Die beiden erstgenannten C-Teile-Bereiche haben Ähnlichkeiten im Beschaffungsprozess, obwohl es sich um sehr unterschiedliche Materialien für unterschiedliche Verbraucher handelt. Die Optimierung der Prozesse sollte nicht isoliert voneinander erfolgen. Die Ähnlichkeit der Prozesse Serienmaterial zu Büromaterial ist im ersten Moment nicht zu sehen. Sicher gibt es aber auch hier gewisse Parallelen.

Der Schlüssel für ein optimales C-Teile-Management liegt in der richtigen Auswahl und Zusammenstellung der Beschaffungsobjekte, der Bildung der richtigen C-Teile-Materialgruppen. Durch die sinnvolle Klassifizierung des Beschaffungsspektrums in verschiedene Warengruppen wird es möglich, Ansatzpunkte für erhebliche Kostenreduzierungen zu finden, denn in der Regel sind die Beschaffungsaufgaben für alle Teile innerhalb einer Warengruppe gleich.

Im folgenden Kapitel wird ein Instrumentarium aufgezeigt, mit dem geeignete Gruppen identifiziert und selektiert werden können.

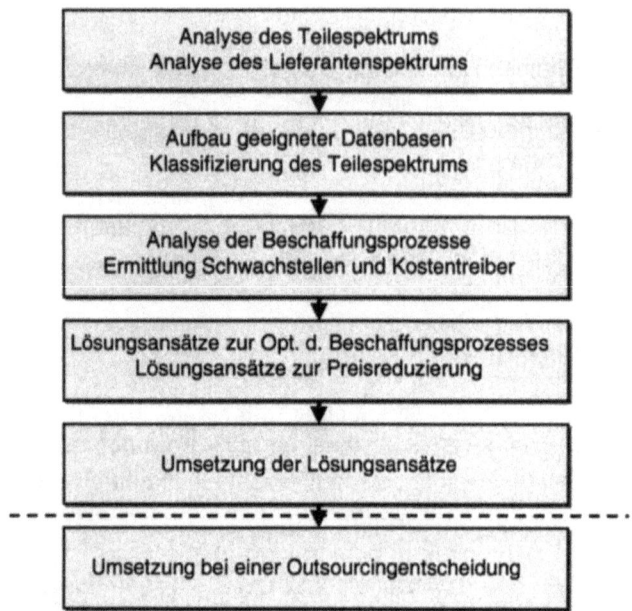

Abbildung 25: Grundschritte des C-Teile-Management-Projektes

Informationen zur Klassifizierung der Beschaffungsobjekte und/oder der Lieferanten liegen für viele Warengruppen nur in einer nichtauswertbaren Form vor. Deshalb ist es in der Regel notwendig, zunächst geeignete Datenbasen zu erstellen. Im nächsten Schritt geht es darum, durch die Analyse vorhandener Abläufe und der konkreten Beschaffungssituation Schwachstellen und relevante Kostentreiber zu erkennen und dafür Lösungsansätze zu erarbeiten. Dabei müssen auch die vorliegenden Randbedingungen und die begleitenden Prozesse betrachtet werden. Nach der Erarbeitung der Lösungsansätze kann die Umsetzung erfolgen.

4.1 Analyse des Teilespektrums

Das Ergebnis einer Analyse wird von der Qualität der zur Verfügung stehenden Daten bestimmt. Um als Entscheidungsgrundlage für die Optimierung der Beschaffung von C-Teilen vernünftige Datenbasen zu definieren, stellen sich zunächst die Fragen:

- Was sind für das Unternehmen C-Teile?
- Wie können hierfür geeignete Datenbasen erstellt werden?
- Für welche Teilespektren lohnen sich gezielte Maßnahmen?

Es hat sich gezeigt, dass der Begriff C-Teile nicht eindeutig abgegrenzt werden kann, dass viele Definitionen denkbar sind. Werden diese unterschiedlichen Sichtweisen mittels Portfoliotechnik grafisch dargestellt und die einzelnen Portfolios übereinander gelegt, ergibt sich die wohl umfassendste Definition (Abb. 26). C-Teile sind demnach:

- alle geringwertigen Produktionsmaterialien sowie
- alle sonstigen Beschaffungsobjekte
- außer Investitionsgütern und speziellen Dienstleistungen.

Die Vielzahl und die hohe „Bandbreite" möglicher „C-Teile" weist schon auf Schwierigkeiten für die Optimierung hin: Die Produktionsmaterialien sind in der Regel über Teilenummern identifizierbar, über Stücklisten zuordenbar und EDV-gestützt disponierbar. Es existieren eindeutige Lieferanten-Teile-Beziehungen. Die sonstigen Beschaffungsobjekte sind in der Regel nicht oder nur teilweise über Teilenummern identifizierbar. Die Beschaffung erfolgt zwar ebenfalls EDV-gestützt, aber die auswertbare Verknüpfung von Bestellpositionen und Lieferanten ist nur bedingt möglich. „C-Teile" können durchaus auch höherwertig sein, so dass der eigentlichen Beschaffung Genehmigungsprozesse vorgeschaltet werden müssen.

Für die weiteren Betrachtungen macht es Sinn, die „C-Teile" zu unterteilen in „Produktionsmaterialien" und in „sonstige Beschaffungsobjekte".

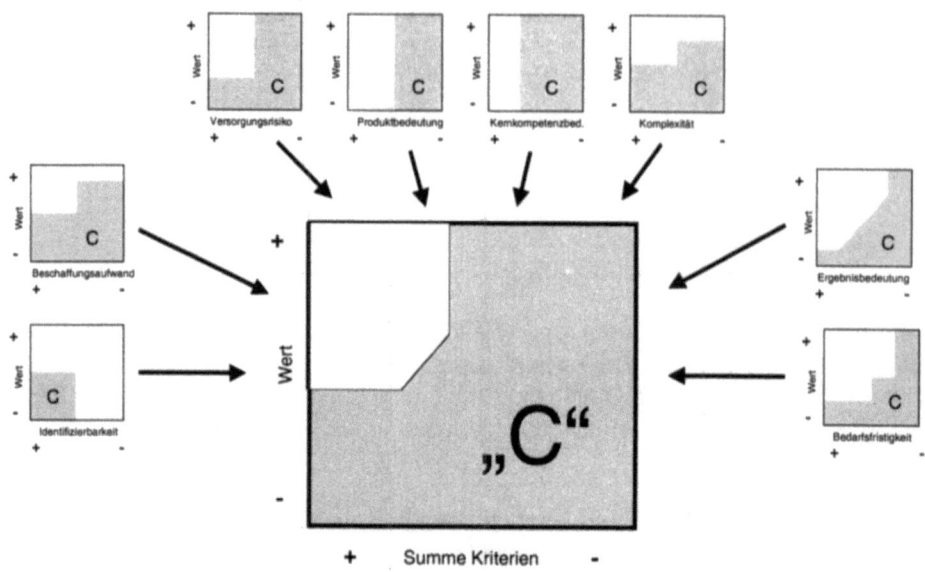

Es ist ein sehr großes Teilespektrum, das unter den Begriff C-Teile fallen kann !

Abbildung 26: Summe aller C-Teile-Definitionen

4.1.1 Produktionsmaterial-Beschaffungsobjekte

Für C-Teile, die mit einer Teilenummer angesprochen werden können, existiert auch ein Teilestamm. Die Beschaffungsobjekte sind dort einer Teileklasse zugeordnet und die Teilebezeichnung ist aufgrund von Schreibvorschriften für die Anlage von Teilestammdaten einheitlich. Damit ist eine vollständige Selektion aller zu einer Warengruppe gehörenden Beschaffungsobjekte möglich, Einkaufspreise sind im System gespeichert, Lieferanten-Informationen ebenso. Mengengerüste wie Bestellhäufigkeit, Anlieferungsfrequenzen, Lagerentnahmemengen sind aus dem System extrahierbar.

Natürlich kennt jeder Einkaufsverantwortliche die meisten der in die Produkte direkt eingehenden C-Teile-Warengruppen, wie beispielsweise Widerstände oder Schrauben, aber denkt er auch automatisch an O-Ringe, Rohrnieten, Lötstützpunkte oder Kabelabschnitte? Eine Klassifizierung der Beschaffungsobjekte nach Materialklassen oder Warengruppen zeigt die Teile, die in den C-Teile-Bereich fallen.

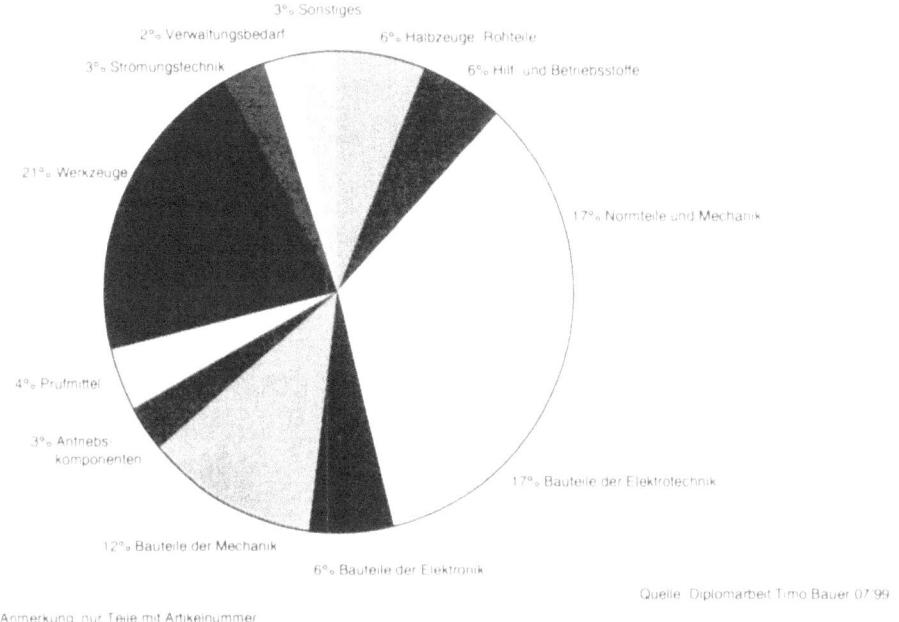

Abbildung 27: Anteil der Materialklassen am C-Teile-Spektrum (am Beispiel der Firma SEW Eurodrive)

4.1.2 Sonstige Beschaffungsobjekte

Schwieriger wird die Gruppierung, wenn für die in Frage kommenden Beschaffungsobjekte keine oder nur teilweise Teilenummern vorliegen. Der Teilestamm liefert dann über die Teilebezeichnung oder die Materialklasse keine vollständigen Informationen. Es ist in diesem Fall erforderlich, zusätzlich zu den unter 4.1.1 beschriebenen Aktivitäten auf die Bestellpositionen aus der Bestellhistorie zuzugreifen. Dazu müssen meist geeignete Abfrageprogamme erstellt werden. Zusätzlich ist in der Regel eine manuelle Nachbearbeitung der gewonnenen Datensätze erforderlich. Im Auftragsdatensatz sind selten Klassifizierungsinformationen wie die Warengruppe enthalten. Schreibweisen können sehr stark variieren, einmal weil der Bedarfsauslöser unterschiedliche Bezeichnungen für ein und dasselbe Beschaffungsobjekt verwendet, zum anderen, weil bei der Bestellschreibung keine Schreibvorschriften benutzt werden. Dies führt bei Abgleichprogrammen zu Schwierigkeiten bei der Wiederholteilsuche.

Praxisbeispiel:

Für die Bezeichnung eines Beschaffungsobjekt treten innerhalb eines kurzen Zeitraums verschiedene Varianten in der Schreibweise auf:

Auftragsnummer	Datum	Bezeichnung
3038157	22.12.99	*Drucktaste T-30S 9291*
3033004	25.08.99	*Drucktaste T-30-S 9291*
3031805	23.07.99	*Drucktaste T-30S Nr.9291*
3032219	04.08.99	*Drucktaster T-30-S*
3042182	03.04.00	*Drucktaster T-30-S 9291*

Der Arbeitsaufwand zur Identifikation interessanter Teilespektren ist dort wo keine Teilenummern vorliegen oft erheblich, wie Studierende unseres Fachbereichs, z.B. im Projekt Becker Autoradio, feststellen mussten.

4.2 Analyse der Beschaffungsprozesse

Fraglos ist der im vorherigen Abschnitt beschriebene Auswahlprozess sehr arbeitsaufwändig. Sollen optimale Lösungen erarbeiten werden, ist es allerdings sinnvoll, diesen Aufwand zu treiben. Zu unterschiedlich sind die Beschaffungsprozesse in einzelnen Warengruppen. Die Bestellabwicklung für Büromaterial ist eine andere als die für Maschinen-Ersatzteile, der Prozess für elektronische Bauelemente unterscheidet sich von dem für Muttern und Schrauben.

Trotzdem wird diese Analyse-Phase oft vernachlässigt. Die Folge ist, dass oft nur „zweitklassige Lösungen" entstehen. Andererseits macht es wenig Sinn, für jede Gruppe differenzierte Lösungen zu erarbeiten. Bis zu einem gewissen Grad müssen Prozesse vereinheitlicht werden, müssen suboptimale Lösungen akzeptiert werden.

Zunächst stellen sich aber die Fragen:

- Wie sehen die Beschaffungsprozesse für die einzelnen Warengruppen aus?
- Welche Kosten fallen für die jeweiligen Prozesselemente an?

- Wo sind die kostentreibenden Prozesselemente?
- Welche Warengruppen lassen die größten Verbesserungspotentiale erwarten?
- Wo werden Änderungen mit geringem Aufwand schnell durchführbar und durchsetzbar sein?

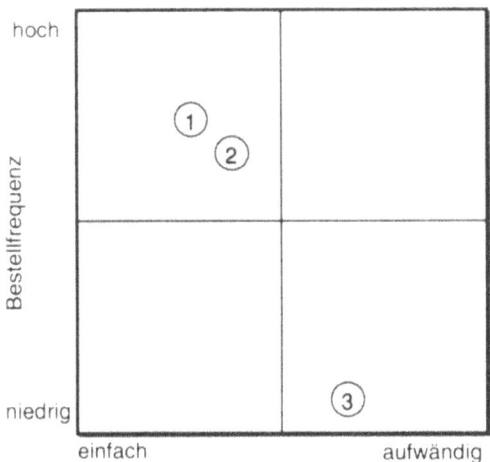

Abbildung 28: Beschaffungsportfolio

Bei dieser systematischen Untersuchung müssen die Abwicklungsprozesse für Produktionsmaterialien und für sonstige Beschaffungsobjekte wegen der jeweiligen Unterschiede im Prozess grundsätzlich getrennt werden.

4.2.1 Beschaffungsprozess für Produktionsmaterialien

Der Beschaffungsprozess wird bei Produktionsmaterialien automatisch per System angestoßen, entweder aus der Nettobedarfsermittlung über Stücklistenauflösung oder durch eine Mindestbestandsunterschreitung im Lager. Alternativ kann der Beschaffungsprozess durch Meldung von Bedarfen direkt aus der Fertigung an den Einkauf ausgelöst werden.

Während die Bedarfsrechnung im Rahmen der Einführung moderner PPS-Systeme in vielen Unternehmen bereits analysiert und optimiert wurde, steckt die Vereinfachung der Abwicklung in vor- und nachgelagerten Funktionen und Teilprozessen in vielen Unternehmen noch im „Dornröschenschlaf". Die Integration von Bedarfsverursacher, Bestellabwickler und Finanz- und Rechnungswesen ist häufig nicht gegeben. Deshalb zeigen sich auch bei den Produktionsmaterialien immer noch erhebliche Ratiopotentiale im Geschäftsprozess.

4.2.2 Beschaffungsprozess für sonstige Beschaffungsobjekte

Die Analyse des Beschaffungsprozesses für die sonstigen Beschaffungsobjekte zeigt, dass dieser häufig sehr unwirtschaftlich abläuft. Sind die Beschaffungsobjekte über Teilenummern identifizierbar, verläuft der Prozess analog den Produktionsmaterialien. Bei den nichtcodierten Teilen wird zunächst der Bedarf schriftlich fixiert, vom Vorgesetzten freigegeben, im Controlling vorkontiert und im Einkauf erfasst. Dann wird der Auftrag unterschrieben, der Versand des Auftrags erfolgt, der Termin wird überwacht, der Wareneingang erfasst, die Ware kontrolliert, der Lieferschein kopiert, die Rechnung erfasst und gegen den Wareneingang geprüft. Schließlich wird die Rechnung bezahlt. Kosten werden produziert, ohne die Frage zu stellen, ob ein Prozessschritt in der Ausführlichkeit überhaupt erforderlich oder sinnvoll ist[39] (Abb. 29).

Der Beschaffungsprozess für diese sogenannten Gemeinkostenmaterialien ist für alle am Prozess Beteiligten schon seit jeher lästig. Der Bedarfsträger muss lange auf die beantragten Teile warten, der Einkäufer wegen geringer Beträge einen Lieferanten suchen und eine Bestellung schreiben. Der Wareneingang muss Sonderabwicklungsformen praktizieren, die Buchhaltung hat oft Probleme mit der Zuordnung der Informationen von Bedarfsträger, Bestellung, Lieferschein und Rechnung, usw. Oft ziehen sich Kleinbestellungen monatelang durch das Unternehmen, verursachen Rückfragen und damit nicht nachvollziehbare Kosten. Es liegt in vielen Unternehmen nahe, diesen Prozess zu verändern.

Die Marketingstrategien vieler Dienstleister konzentrieren sich mit ihren Argumenten auf die Vereinfachung dieses umständlichen Prozesses und weniger auf die Warengruppen, die beschafft werden. Es scheint offensichtlich, dass jedes

---

[39] Fieten, Robert und Möhrstädt, D., Fixkosten zu variablen Kosten umwandeln, in: Beschaffung aktuell 06/1997

Unternehmen bei der Veränderung dieses Prozesses mit relativ wenig Analyseaufwand deutliche Kostenreduzierungen erreichen kann (obwohl es früher auch kein Unternehmen gab, das Bleistifte einzeln eingekauft hat!). Die Vereinfachung dieses Prozesses ist aber nur ein Schritt im C-Teile-Management.

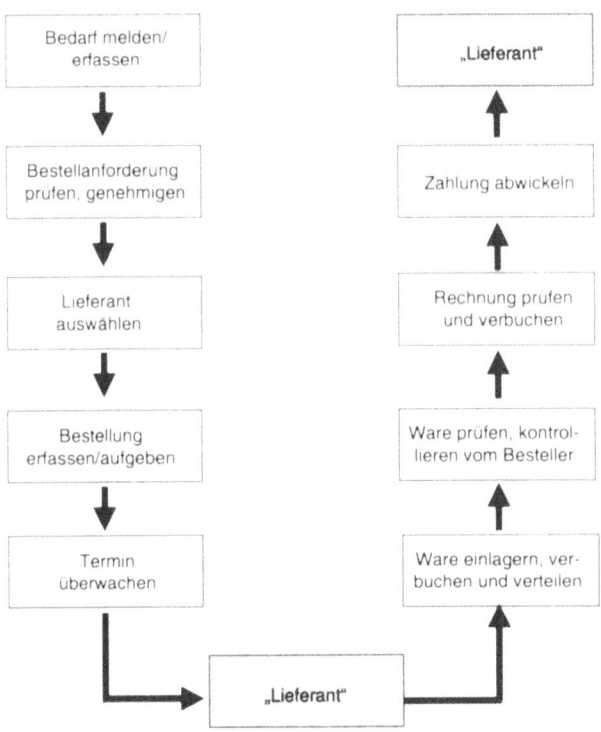

Abbildung 29: Hauptphasen eines Beschaffungsprozesses[40]

4.2.3 Entscheidungshilfen für Beschaffungsprozessanalysen

Zusätzlich zur systematischen Untersuchung der Abwicklungsprozesse lassen sich oft noch weitere Ratioansätze finden. Dazu macht es durchaus Sinn, Anre-

---

[40] KPMG Unternehmensberatung (Hrsg.), Untersuchung von Struktur- und Rahmenbedingungen im Beschaffungsprozess unter besonderer Berücksichtigung der Prozesskosten, Frankfurt 1997

gungen von Externen oder von Beschäftigten aus anderen Bereichen des Unternehmen aufzugreifen und für die Entscheidungsfindung mit heranzuziehen.

Vorschläge aus dem Betrieblichen Vorschlagswesen

Gerade bei Vorschlägen zu Prozessverbesserungen im administrativen Bereich stoßen herkömmliche Systeme des Betrieblichen Vorschlagswesens häufig an ihre Grenzen. Prozessänderungen verlangen die Zusammenarbeit verschiedener Unternehmens-Funktionen. Die Überwindung von Bereichsgrenzen und -egoismen ist notwendig. Dabei gibt es in der Praxis häufig Probleme mit der Konsequenz, dass die Vorschläge in den Schubladen verschwinden.

Kontinuierlicher Verbesserungsprozess (KVP)

Die zentrale Aussage des KVP-Ansatzes ist, dass ständige Verbesserungen in kleinen Schritten zum Erfolg führen. Der Ansatz bietet gegenüber dem klassischen Vorschlagswesen den wesentlichen Vorteil, dass Ideen und Lösungsansätze im Team entstehen, dass diese aufgrund des vorhandenen Detailwissens meist sehr fundiert sind und damit größere Realisierungschancen haben. Der kontinuierliche Verbesserungsprozess geht von einem mitarbeiterorientierten ganzheitlichen Ansatz aus, der Mitarbeiter aller Ebenen einbezieht und hat mit seiner Methodik gegenüber herkömmlichen Innovationen den Vorteil, dass jeweils schnell neue pragmatische Lösungen entwickelt werden, die dann Schritt für Schritt weiter verbessert werden können.[41]

Benchmarking

Liegen für die einzelnen Prozesselemente Kosteninformationen vor, können Strukturen, Organisationsformen, Prozesse und Funktionen mittels moderner Methoden wie Benchmarking untersucht werden. Aus dem Vergleich eigener Daten mit denen andere Unternehmen zeigen sich eigene Defizite und potentielle Schwachstellen. Handlungsbedarf wird sichtbar und kann definiert, neue Strategien können entwickelt werden.[42] Gegenstand eines Benchmarking im Beschaffungsbereich können dabei die Hauptprozesse des Einkaufs sein, aber auch abteilungsübergreifende Prozesse wie etwa die Beschaffung sonstiger Beschaffungsobjekte.

---

[41] Leist, Ralph, Meissner, Helmut, Total Quality Management, Augsburg 1995
[42] Nachtweh, Klaus-Peter, Benchmarking mit Lieferanten-Methode zur Standortbestimmung und Leistungsverbesserung, in: Beschaffung aktuell 05/2000, S. 40ff.

Nutzung Lieferanten-Knowhow

Schwachstelllen-Analysen können durchaus gemeinsam mit bestehenden Lieferanten durchgeführt werden. Es gibt Lieferanten und Dienstleister, die ihre Mitarbeit bei der Prozessverbesserung sogar als Service anbieten. Dabei kann die Erfahrung des Lieferanten helfen, Prozessverbesserungen zu erreichen.[43]

In allen Phasen der Beschaffungsprozessanalysen macht es Sinn, Kosteninformationen zu berücksichtigen. Diese können auf Zahlenmaterial aus der Kostenrechnung basieren oder auf Schätzungen beruhen. Je detaillierter die Prozessanalyse ist, desto exakter kann die Zuordnung der Prozesskosten zu den Prozesselementen erfolgen, aber auch deren Beurteilung.

Die Bandbreite der Rationalisierungsmöglichkeiten ist sehr groß: Die Gestaltungsansätze im C-Teile-Management reichen von einer reinen Einkaufspreisreduzierung durch das Eingehen von Einkaufskooperationen bis hin zum Einsatz eines externen Dienstleisters, der nicht nur den Einkauf tätigt, sondern auch weitgehend die Verantwortung für den gesamten Beschaffungsprozess übernimmt.

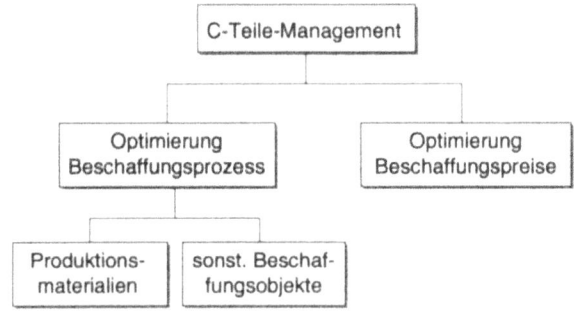

Abbildung 30: Gestaltungsansätze für das C-Teile-Management

Im folgenden sollen zunächst verschiedene Lösungsansätze für die Optimierung des Beschaffungsprozesses diskutiert werden, dann soll der zweite wesentliche Erfolgsfaktor „Einkaufspreis" in die Überlegungen mit einbezogen werden.

---

[43] de Wit, Caes, Den Erfolg des Kunden steigern – durchgängige Kundenorientierung, Vortrag Siemens Partnerforum 1997

4.3 Lösungsansätze zur Optimierung des Beschaffungsprozesses

Da durch Einkauf und Beschaffungslogistik wesentliche Kostenblöcke im Unternehmen beeinflusst werden und viele der vorhandenen Prozesse historisch gewachsen sind, liegt in allen den Einkauf und die Logistik tangierenden Prozessen ein großes Potential zur Leistungsverbesserung, aber auch zur Kostenreduzierung.

Die EDV-gestützte Beschaffung mit hochintegrierten ERP-Systemen kann zu hohen Kosten je Bestellvorgang führen, was insbesondere bei geringwertigen Bestellungen zu hohen Gesamtkosten je Bestellung führt. Zu günstigen Preisen einkaufen bedeutet also noch nicht zwangsläufig auch wirtschaftliche Bedarfsdeckung.

Schlecht organisierte Prozesse zu finden, Kostentreiber in einzelnen Prozesselementen zu erkennen ist die eine Seite. Diese Prozesselemente ohne strategische Überlegungen zu einem gesamtheitlichen C-Teile-Management im Unternehmen zu optimieren, führt zu dem, was heute oft vorgefunden wird: Die Mehrzahl der Lösungen die diskutiert und schließlich realisiert werden stellen sich im Endeffekt als mehr oder weniger komplexe, aber isolierteTeillösungen heraus. Diese können durchaus für einzelne Teilprozesse oder Warengruppen hervorragend geeignet sein, passen früher oder später aber nicht mehr in ein strategisches Gesamtkonzept. Die Folge ist dann: C-Teile-Managementprojekte scheitern oder führen nicht zu den erhofften oder versprochenen Vorteilen.

Beispiel: Der Einkauf definiert einen Workflow für Bedarfsanforderungen, die vom Bedarfsträger direkt ins System eingegeben und vom Entscheidungsträger genehmigt werden. Ziel ist die Arbeitserleichterung im Einkauf, nicht betrachtet wird der Prozess bis zur Verbuchung der Rechnungen in der Buchhaltung.

Optimale Lösungen zu entwickeln bedeutet, dass alle Aktivitäten wie

- die Verringerung des Aufwandes bei den Bestellprozessen,
- die Reduzierung der Einkaufspreise,
- die Reduzierung der Lieferantenvielfalt und
- die Verkürzung der Durchlaufzeiten

in das Gesamtkonzept C-Teile-Management passen müssen.

Im vorstehenden Beispiel passt der Workflow immerhin in das Gesamtkonzept C-Teile-Management. Mit dem reorganisierten Teilprozess können die Beschaffungsaufgaben für ein breites Spektrum von Warengruppen abgewickelt werden.

Ähnlich verhält es sich auch beim Projekt zur Optimierung der Kunststoffteile-Beschaffung bei Firma Loewe Opta (S. 32ff). Auch diese Lösung ist innerhalb eines Gesamtkonzepts realisiert.

Für die Diskussion der Lösungsansätze erweist es sich wiederum als sinnvoll, Produktionsmaterialien und sonstige Beschaffungsobjekte getrennt zu betrachten.

4.3.1 Optimierung des Beschaffungsprozesses für Produktionsmaterialien

Neben den Beschaffungsobjekten, die nicht dem Endprodukt zuzuordnen sind, stellen die „klassischen", direkt in die Produkte eingehenden C-Teile nach wie vor eine große Teilegruppe mit oft erheblichen Ratiopotentialen dar.

Abbildung 31: Prozessschritte C-Teile-Beschaffung Produktionsmaterial

In vielen Unternehmen erfolgt die Bedarfsermittlung für diese geringwertigen Beschaffungsobjekte analog den A- und B-Teilen automatisiert, dennoch sind fehlende C-Teile die häufigste Ursache von Produktionsstörungen (Abb. 31).

Diverse Untersuchungen haben ergeben, dass durch den Einsatz wirtschaftlicher Belieferungssysteme Kosteneinsparungspotentiale von mehr als 20% realisiert werden können.

Während die reine Umschichtung logistischer Leistungen auf einen Dienstleister größtenteils nur eine Kostenumschichtung von fixen zu variablen Kosten zur Folge hat, sind durch prozessverbessernde Maßnahmen erhebliche Einsparungen in Logistik, Einkauf und Buchhaltung erreichbar. Viele dieser Maßnahmen können durch das Unternehmen selbst initiiert und mit Lieferanten umgesetzt werden. Oft macht es gerade hier Sinn, über den Einsatz von spezialisierten Dienstleistern nachzudenken.

Grundsätzlich lassen sich folgende Zielsetzungen für einen optimalen Beschaffungsprozess formulieren:

- Erhöhung der Teileverfügbarkeit und damit der Versorgungssicherheit
- Verkürzung der Prozessketten
- Direktbelieferung der Fertigungsstellen
- Vereinfachung der Abrechnung
- papierlose Abwicklung der Bestellvorgänge
- Reduzierung Lagerbestände und damit der Kapitalbindung
- Reduzierung der Liegezeiten und der Durchlaufzeit

Die vorstehenden Zielsetzungen lassen sich je nach strategischer Ausrichtung und kurzfristiger Intension des Unternehmens mit verschiedenen Konzepten realisieren.

4.3.1.1 Händler- oder Hersteller-Dienstleister als Systemlieferant

Das Kennzeichen eines solchen Konzeptes ist ein Händler und/oder ein Hersteller, der sein ursprüngliches Lieferprogramm um Dienstleistungen erweitert. Nicht der Teilepreis sondern der Cost-of-Ownership-Gedanke wird dabei in den Vordergrund gerückt.

Aus der Sicht der Unternehmung stellt sich der Sachverhalt wie folgt dar: Der Ausgleich des Bedarfs für eine oder mehrere Warengruppen wird auf einen bestimmten Händler oder Hersteller konzentriert. Dieser übernimmt die komplette

Versorgung, wird zum „Systemlieferanten für einen Warengruppen-Belieferungsprozess" (vgl. hierzu Beispiele in Teil 1: KKW als Hersteller-DL, S. 32ff., Spoerle, S. 28ff., Rutronik, S. 41ff., Würth, S. 46ff. und Gross, S. 45ff. als Händler-DL).

Bei der Konzeption entsprechender Projekte ist es wichtig, dass das zukünftige Partnerunternehmen von Anfang an in die Gestaltung des zukünftigen Prozesses mit eingebunden wird, insbesondere dann, wenn die Lösung nicht „von der Stange kommt". Wie kann eine solche Grundkonzeption aussehen? Wie werden die ursprünglich definierten Zielsetzungen in einem derartigen System erfüllt?

- Verkürzung der Prozesskette

Je nach Ausprägung der organisatorischen Lösung können interne Logistikaufwendungen reduziert werden. In den aufwändigen Verfahren für die Lagerung der Vorprodukte, der internen Konfektionierung oder Kommissionierung bis an die Produktionslinie liegen oft erhebliche Ratio-Potentiale. Aber auch die rein administrativen Kosten können erheblich reduziert werden: Bedarfsermittlung, Bestellmengenermittlung, Sicherheitsbestandsanpassungen, Bestellschreibung, Terminverfolgung, Mahnwesen, Wareneingangs-, Lieferpapier- und Rechnungsbearbeitung, Qualitätskontrolle. Ziel eines rationell arbeitenden Einkaufs muss es sein, in einem solchen Konzept für C-Teile-Produktionsmaterialien alle Prozessschritte nach Möglichkeit bis zum Rechnungsausgleich automatisch oder papierlos abzuwickeln, so dass der Informationsfluss weitgehend vereinfacht wird.

Das Unternehmen liefert dem Dienstleister oder dem Hersteller eine möglichst längerfristige Bedarfsvorschau für die in Frage kommenden Produktionsmaterialien. Sofern die Teile nicht an seinem Lager sind, kauft der Dienstleister diese ein, alternativ veranlasst der Hersteller die Fertigung. Entsprechend der rahmenvertraglichen Vereinbarung führt der Partner auch die Qualitätssicherung durch. Er gewährleistet die erforderliche Qualität und erspart dadurch die Wareneingangsprüfung beim Unternehmen (Lieferung Ship-to-Stock). Der Dienstleistungspartner bevorratet die Teile bei sich als kundenspezifisches Sortiment oder beim Unternehmen in Form eines Lieferantenlagers oder eines Konsignationslagers.

Die Anlieferung der Produktionsmaterialien durch Händler oder Hersteller erfolgt beleglos oder allenfalls mit einem Sammellieferschein, je nach Ausprägung der realisierten Lösung kann die Warenzugangsbuchung automatisiert erfolgen.

Je nach Vereinbarung kommissioniert der Dienstleister die Produktionsmaterialien und stellt diese termingerecht an einer oder mehreren Fertigungsstellen des Unternehmens bereit (Ship-to-Line). Damit die Verarbeitung direkt aus den Lieferverpackungen möglich ist, erfolgt die Bereitstellung in auf die Verarbeitungsmaschinen oder Bearbeitungsschritte ausgerichteten Verpackungseinheiten und Verpackungen.

Schließlich berechnet der Dienstleister anhand erbrachter Dienstleistungen und gelieferter Teile selbst (Sammelrechnung, Monatsrechnung, Abbuchungsverfahren) oder er erhält vom Unternehmen eine Gutschrift (Gutschriftsverfahren).

- Erhöhung der Teileverfügbarkeit und der Versorgungssicherheit

Der Zugriff auf die vertraglich vereinbarten Beschaffungsobjekte ist für den Dienstleister aufgrund größerer Handelsvolumina oder für den Hersteller aufgrund der eigenen Fertigungsmöglichkeiten i.d.R. einfacher als für das Unternehmen selbst. Das leidige Thema Sonderbestellungen bei Bedarfsschwankungen oder Bestandsfehlern entfällt deshalb weitgehend für das Unternehmen. Händler oder Hersteller verfügen häufig über das bessere Knowhow was das optimale Teilehandling betrifft. Sie sind aufgrund ihrer Spezialisierung eher in der Lage, für eine konstante Teilequalität zu sorgen als dies der Sachbearbeiter im Einkauf kann, der für die Beschaffung von Teilen aus verschiedenen Warengruppen zuständig ist.

Die Sicherung der Versorgung wird durch eine tägliche bzw. turnusmäßige Kontrolle des Verbrauchs gewährleistet. Der Nachschub wird mit einer gewissen „Automatik", zum Beispiel durch Einrichtung von Kanbansteuerungen mit Mehrbehälterprinzipien angestoßen (Barcode-Scan des Behälteretiketts, visuelle Kontrolle, Kanbanbehälter, Meldekarte).

- Reduzierung von Lagerbestand, Kapitalbindung und Logistikkosten

Händler- oder Hersteller-Dienstleistungskonzepte werden häufig so gestaltet, dass eine Weitergabe der Bestandsverantwortung an den Dienstleister erfolgt. Ein wesentlicher Vorteil ist dabei für beide Seiten die Vermeidung „unnötiger" Lagerstufen (Versandlager beim Dienstleister, Zentrallager beim Unternehmen). Die Übergabe der Bestandsverantwortung an den Dienstleister bewirkt auch, dass die Belieferung „verbrauchsgerecht" und nicht „bestellmengenoptimal" sein wird, sodass schlussendlich trotz geringerer Bestände und damit geringerer Kapitalbindung die Teileverfügbarkeit höher ist.

Das Teilehandling wird bei geringeren Lagerbeständen i.d.R. auch einfacher und damit kostengünstiger. Vollständig entfallen werden diese Kosten allerdings nicht, sie werden weitgehend auf den Dienstleister verlagert. Dieser wird die

Handlingskosten in Rechnung stellen genauso wie die Kapitalbindungskosten oder Teile davon.

Generell macht es Sinn, Teilepreis und Serviceleistung als getrennte Rechnungspositionen auszuweisen, weil dann die Teilepreise vergleichbar bleiben. Hier liegt allerdings noch ein wesentliches Problem bei der Gestaltung von Händler-/Hersteller-Dienstleister-Beziehungen. Noch sehen viele Beschaffer nicht ein, dass Dienstleistungen auch einen Preis haben. Sie werden dabei oft von den Dienstleistern selbst unterstützt, da auch dort oft noch das Selbstbewusstsein fehlt, die eigene Dienstleistung als „Leistung" zu vermarkten. Dabei führt gerade erst das warengruppenspezifische Knowhow des Dienstleisters zu wirklichen Prozessoptimierungen. Win-win-Situationen sollten angestrebt werden, wie es üblicherweise bei Partnerschaften der Fall ist (vgl. Loewe-KKW-Projekt, S. 32ff.).

- Anzahl der Lieferanten wird reduziert

Der Einsatz von Händler- oder Hersteller-Dienstleistungs-Konzepten reduziert zwangsläufig die Anzahl der Lieferanten. Die Kostenvorteile aus den Bündelungseffekten sind offensichtlich. Der wirtschaftliche Einsatz von Datenübertragungstechniken für den eventuellen elektronischen Austausch der Geschäftsdokumente oder die Anbindung des Partners an das eigene ERP-System, z.B. per Extranet, werden möglich.

- Sonstige Vorteile

Der Einsatz von EDI-Lösungen oder aber die gegenseitige Anbindung an das ERP-Systems des jeweiligen Partners führt außerdem zu einem verbesserten Informationsfluss in der Geschäftsbeziehung. Weitere Vorteile einer Händler- oder Hersteller-Dienstleistungs-Partnerschaft können sich beispielsweise auch bei den Verpackungskosten durch den Einsatz von Mehrwegsystemen ergeben. Durch die Nutzung des Spezialwissens des Dienstleisters ist auch die Möglichkeit zur allmählichen Standardisierung des Teilespektrums eher gegeben.

Standardisierung – Kostenreduzierung durch Verminderung der Teilevielfalt

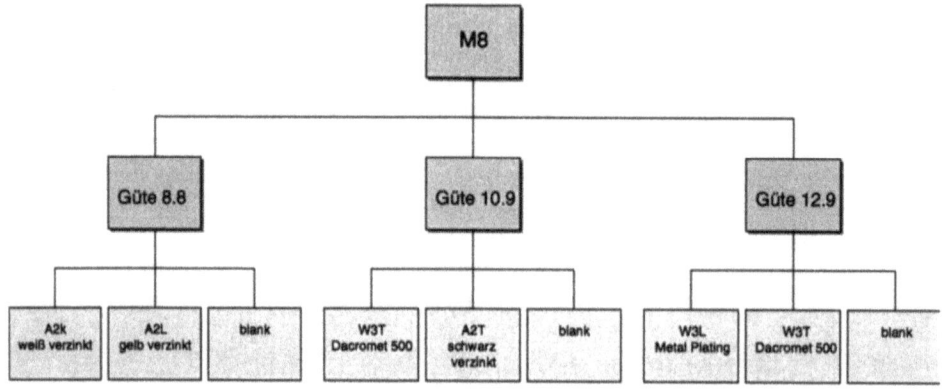

Abbildung 32: Typische Teilekonstellation bei einem DIN-Teil[44]

4.3.1.2 Ausprägungen und Varianten in Händler-/Hersteller-Dienstleistungskonzepten

Im ersten Teil des Buches wurden bereits einige Beispiele aus der Unternehmenspraxis vorgestellt, nachfolgend sollen einige gängige Varianten des Basiskonzeptes beschrieben werden. Es ist nicht möglich, an dieser Stelle auf alle in der Praxis realisierten und theoretisch denkbaren Varianten eines Händler-/Hersteller-Dienstleistungs-Konzeptes einzugehen. Zu unternehmensindividuell sind die Wünsche und Möglichkeiten der Partner, zu warengruppenpezifisch die Besonderheiten, die sich in entsprechenden Sonderdienstleistungen niederschlagen können. Es gibt kein System von der Stange. Jedes Konzept wird in gewissen Punkten modifiziert und dadurch zum Unikat werden.

---

[44] Verkaufsunterlage Firma Leicher, 1999

- 1-Behältersysteme

In einem zentralen, dezentralen oder arbeitsplatznahen Lager wird je Beschaffungsobjekt ein Behälter mit Teilen bereitgestellt. Bei Unterschreiten einer bestimmten Füllmenge erfolgt der Bestellanstoß durch Mitarbeiter des Unternehmens oder des Dienstleisters. Die Datenerfassung kann per PC-Eingabe oder Einscannen der Daten am Behälter erfolgen, die Datenübermittlung manuell, per Fax, DFÜ oder Internet.

- 2-Behältersystem oder Kanban

In einem zentralen, dezentralen oder arbeitsplatznahen Lager werden je Beschaffungsobjekt 2 Behälter bereitgestellt. Sobald ein Behälter leer ist, wird dieser durch Mitarbeiter des Unternehmens am definierten Abholplatz bereitgestellt und damit ein Bestellanstoß ausgelöst. Die Datenerfassung kann per PC-Eingabe, Einscannen der Daten am Behälter oder Touchscreen-Eingabe im Unternehmen selbst oder erst beim Dienstleister erfolgen. Die Datenübermittlung erfolgt per Fax, DFÜ, Internet oder Kanbankarte.

- Konsignationslager

Durch den Dienstleister wird direkt in der Fertigung beim Unternehmen ein Lager eingerichtet und mit einem definierten Teileumfang ausgestattet. Alle organisatorischen Aufgaben in diesem Lager können vom Dienstleister übernommen werden oder von Mitarbeitern des Unternehmens. Benötigte Teile werden entnommen, die Entnahmen per PC oder Scanner festgehalten und per DFÜ die Nachlieferung der Teile und die Fakturierung ausgelöst. Verbräuche im Konsignationslager können auch fiktiv aus Stücklistenauflösungen ermittelt werden, allerdings ist das aus falschen Stücklisten resultierende Fehlmengenrisiko durch entsprechend höhere Sicherheitsbestände und häufigere Inventuren zu kompensieren. Der Unterschied zu einem konventionellen Lager liegt bei einem Konsignationslager in der Verteilung der Kostenrisiken: Die Kapitalbindungskosten trägt der Dienstleister, das Gängigkeitsrisiko je nach Vereinbarung der Dienstleister, das Unternehmen oder beide gemeinsam.

- Angebot von Zusatz-Dienstleistungen

Dazu kann die Etikettierung der Produktionsmaterialien mit individuellen, kundenspezifischen Barcodes gehören, die dann Identifikation und Weiterverarbeitung der Teile im Unternehmen erleichtern. Dazu können auch Vorkonfektionierungsaufgaben oder Umpacktätigkeiten gehören.

Die Einrichtung eines „Elektronischen Kanbans", bei dem die Bestellauslösung und Datenübermittlung automatisch elektronisch erfolgt, gehört zu den Zusatzleistungen, die den Prozess noch mehr beschleunigen. Zur Ergänzung ihrer Systemleistung wird von Dienstleistern häufig auch die Einzelbeschaffung von Teilen übernommen, die vom Unternehmen auftragsbezogen benötigt werden, sofern es sich um Teile aus dem Dienstleister-Lieferprogramm handelt.

Häufig findet man in den Dienstleistungskonzepten die Integration von Teilen, die nicht zum Kernsortiment des Dienstleisters gehören. Der Dienstleistungspartner kauft die Sonderteile, Zeichnungsteile oder kundenspezifische Teile entweder auf eigene Rechnung ein oder er übernimmt nur das gesamte Handling, während Rechnungsstellung und Bezahlung über das Unternehmen direkt erfolgt.

- Dienstleister-Partnerverbund-Konzepte

Eine Weiterentwicklung dieses Konzeptes ist ein Partnerverbundsystem. Mehrere Dienstleister mit unterschiedlichen Sortimenten kooperieren und bieten dem Unternehmen als Systempartner ein sortimentsübergreifendes Angebot.

Ein Dienstleistungskonzept, das C-Teile-Management über ein Partnerverbundsystem mit Gemeinschaftsunternehmen realisiert, hat für das Unternehmen verschiedene Vorteile: Die Anzahl der Partner verringert sich, der Organisationsaufwand ebenso. Der Bündelungseffekt wird größer. Allerdings sind zusätzliche vertragliche Vereinbarungen insbesondere zu Haftung und Gewährleistung erforderlich.

Partnerverbundsysteme können nur aus Händler-Dienstleistern, nur aus Hersteller-Dienstleistern oder aus Mischformen existieren.[45]

- Dienstleister als Verlängerte Werkbank

Eine andere Lösungsvariante ist die Verlagerung der Beschaffung für alle C-Produktionsmaterialien oder einzelne Warengruppen auf einen Dienstleister, der nach Übergabe der Bedarfe (per Fax, DFÜ oder Internet) die komplette Abwicklung bis hin zur Buchhaltung übernimmt. Dies kann gegebenenfalls mit Anbindung an das ERP-System des Unternehmens erfolgen.

Bei dieser Variante der Optimierung des Beschaffungsprozesses für C-Teile mit Teilenummer handelt es sich im Wesentlichen um eine Umschichtung der Kapazitäten von unternehmenseigenem Personal auf Mitarbeiter des Dienstleisters,

---

[45] Ottliczky, Hartmut, Neuer Weg im C-Teile-Management?, in: Beschaffung aktuell 08/2000

ähnlich dem Konzept „Verlängerte Werkbank im Fertigungsbereich". Fixe Kosten können zu Variablen werden, wenn bei gleichbleibendem Arbeitsvolumen im Unternehmen Personal abgebaut werden kann, bzw. wenn beim Ansteigen des Arbeitsvolumens Neueinstellungen vermieden werden können.

Es ist zu erwarten, dass der Dienstleister effektiver und kostengünstiger arbeitet und sich insgesamt eine Kostenreduzierung ergibt. Die überwiegende Weitergabe von erreichten Preisvorteilen an das Unternehmen ist ein weiterer positiver Aspekt einer solchen Lösung. Allerdings müssen die im Unternehmen verbleibenden Kosten (Remanenzkosten) für Koordination, etc. berücksichtigt werden. Auch eventuell geringere oder fehlende Bündelungseffekte und die daraus resultierenden Preisnachteile müssen in die Überlegungen einbezogen werden.

4.3.1.3 Optimierung des Beschaffungsprozesses mittels EDI

Bei der Einschaltung von Dienstleistungs-Partnern ist die Umstellung des Informationsaustausches auf elektronische Datenübertragung nur ein einzelner Baustein zur Optimierung der Geschäftsbeziehung. Für andere C-Produktionsmaterialien, die nicht über Dienstleister beschafft werden, kann es ebenfalls sinnvoll sein, den Auftragsprozess gemeinsam mit den Lieferanten durch Einsatz von EDI-Techniken zu optimieren.

Es gehört deshalb unbedingt in das strategische C-Teile-Management-Konzept des Unternehmens, die unternehmensübergreifende Automatisierung von Prozessschritten im Auftragsabwicklungsprozess mittels EDI weiter voranzutreiben.

Folgende vier Merkmale charakterisieren EDI:[46]

- Unternehmensübergreifender Nachrichtenaustausch
- (kaufmännische) Geschäftsdaten
- standardisiertes Format
- Maschine-Maschine-Dialog

Technisch betrachtet werden geschäftliche Transaktionen nicht durch klassische Kommunikationsmittel wie Brief, Telefon oder Telefax übermittelt, sondern über einen automatisierten elektronischen Maschine-Maschine-Dialog abgewickelt.

---

[46] Weid, H., Wettbewerbsvorteile durch Electronic Data Interchange, München 1995

Die papierlose Auftragsabwicklung mittels EDI wird von vielen großen Unternehmen seit Jahren praktiziert, entsprechende Standards existieren (z.B. EDIFACT), die eine reibungslose Verarbeitung ermöglichen.

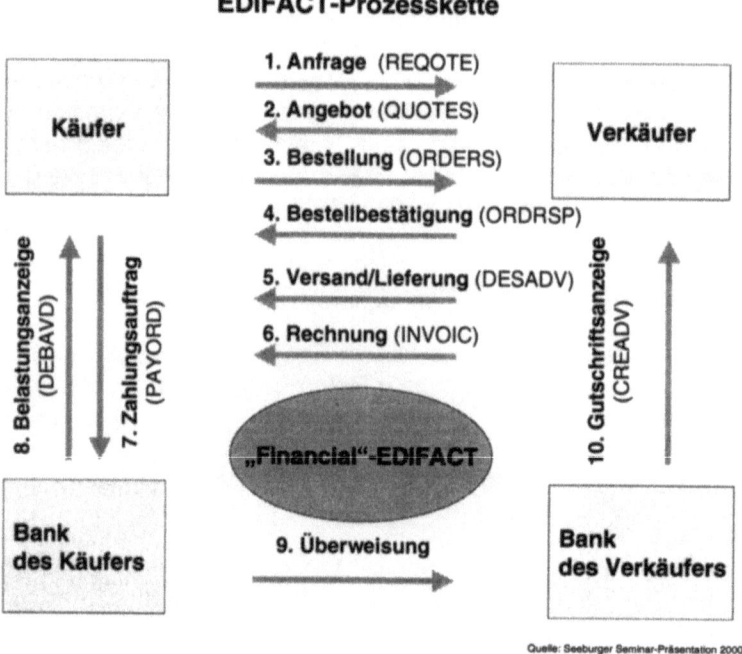

Abbildung 33: Nachrichtentypen im zwischenbetrieblichen Geschäftsprozess[47]

Lieferanten mit geringeren Lieferumfängen wurden in der Vergangenheit häufig aus Kostengründen nicht in diese Abwicklungen eingebunden. Außerdem ergaben sich oft Schwierigkeiten bei der Umstellung auf neue Lieferanten durch die hohen Aufwendungen für das Einrichten neuer Verbindungen. Die Datenübertragung wurde mit der Ausbreitung des Internets einfacher und kostengünstiger. Als Techniken zur Datenübermittlung stehen derzeit zur Verfügung:[48]

---

[47] Präsentationsfolie Vortrag Firma Seeburger, 4/2000
[48] Bogaschewsky, Ronald und Kracke, Uwe, Internet-Intranet-Extranet, Strategische Waffen für die Beschaffung, Gernsbach 1999

- InternetEDI (Merkmal: Internet-Technologie), bei dem entweder EDI-Nachrichten als „Attachments" in E-Mail-Nachrichten übertragen werden oder EDI-Nachrichten mittels sogenannter FTP-Datentransfer-Protokolle ausgetauscht werden.
- WebEDI (Merkmal: WWW-Technologie), bei dem das Internet genutzt wird, um kleinen Unternehmen einen kostengünstigen EDI-Zugang zu ermöglichen.

Mit InternetEDI können die Nachrichten sowohl beim Sender als auch beim Empfänger automatisch versandt bzw. empfangen und mit den jeweiligen ERP-Systemen gekoppelt werden. Die Automatisierung auf beiden Seiten bedeutet, dass elektronischer Datenaustausch standardisierter Geschäftsdaten ohne Medienbruch stattfindet. Mit dem neuen Nachrichten-Standard eXtensible Markup Language (XML) wird in naher Zukunft eine wesentliche Vereinfachung bei der Übertragung strukturierter Geschäftsdokumente erwartet.

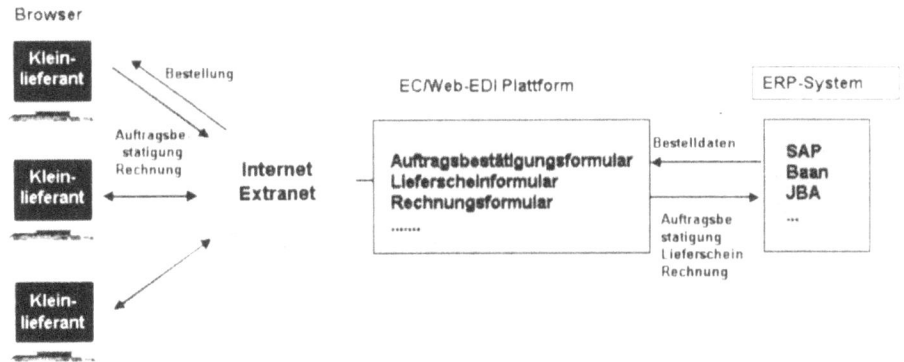

Abbildung 34: Lieferantenanbindung mit WebEDI

Bei WebEDI unterhält nur das Unternehmen ein EDI-System mit ERP-Anbindung und einen Webserver mit dem WebEDI-System, der Lieferant muss Daten manuell eingeben. In der WebEDI-Anwendung werden die standardisierten Geschäftsprozesse abgebildet. Neben dem Kostenaspekt ist ein wesentlicher Vorteil von WebEDI, dass insbesondere Klein- oder Kleinstpartner nur einen PC mit WWW-Browser benötigen. Es wird keine eigene ERP- oder EDI-Infrastruktrur benötigt. Der Sachbearbeiter des Lieferanten wählt sich via Internet in den Webserver des Unternehmens ein und kann sich die für ihn bestimmten Bestellungen in seinem Browser anzeigen lassen. Per Mausklick kann aus der Bestellung des Unternehmens eine Auftragsbestätigung, ein Lieferschein oder ein Rechnungsformular erzeugt werden, das vom Sachbearbeiter ergänzt werden kann. Nach dem „Versenden" wird das ausgefüllte Formular in eine Datei geschrieben, welche vom dahinterliegenden EDI-System des Unternehmens übernommen und dem ERP-System übergeben wird.

Inwieweit werden mit diesen EDI-Ansätzen die vorab definierten Zielsetzungen des C-Teile-Managements erfüllt?

- Verkürzung der Prozessketten

Der elektronische Austausch von Anfragen, Angeboten, Bestellungen, Auftragsbestätigungen, Lieferscheinen und Rechnungen bringt in erster Linie Zeitvorteile, die papierlose Abwicklung reduziert Eingabe- und Übertragungsfehler.

- Erhöhung der Teileverfügbarkeit, Erhöhung der Versorgungssicherheit

Die Öffnung des Warenwirtschafts-Systems beispielsweise mit dem Zugriff über Extranet auf Bestandsdaten oder Auftragsstatusdaten für Lieferanten oder umgekehrt für das Unternehmen, gibt beiden Partnern mehr Datensicherheit. Die Fehlerwahrscheinlichkeit wird entscheidend reduziert.

- Reduzierung Lagerbestände und Kapitalbindung, Reduzierung der Liege- und Durchlaufzeit

Der schnellere und qualitativ bessere Informations- und Materialfluss wird tendenziell zu einer Reduzierung der Lagerbestände und damit auch der Kapitalbindung führen.

- Reduzierung der Lieferantenvielfalt

Der verstärkte EDI-Einsatz sollte auch zu einer kritischen Überprüfung der Lieferantenanzahl führen. EDI-Anbindungen verursachen immer Zeitaufwand und finanzielle Belastungen. Je stärker sich die Lieferantenanzahl reduzieren lässt, desto weniger umfangreich sind die Aktivitäten für die Anbindung, desto schneller amortisieren sich die Ausgaben.

- Verbesserung des Informationsflusses

Durch Einsatz von EDI-Lösungen, egal welcher Art ist das Unternehmen in der Lage, elektronische Dokumente mit seinen Partnern an 24 Stunden am Tag, 7 Tage die Woche kurzfristig auszutauschen. Durch die Anbindung an die Systeme der angeschlossenen Partner lassen sich somit Verbesserungen beim Austausch dieser Informationen erreichen.

Es konnte mit den vorstehenden Lösungsansätzen aufgezeigt werden, dass trotz vieler Anstrengungen in der Optimierung der Beschaffungsprozesse bei C-Produktionsmaterialien immer noch ein erhebliches Ratiopotential vorhanden ist, das sich in den Prozessen selbst realisieren lässt.

4.3.2 Optimierung der Beschaffungsprozesse – sonstige Beschaffungsobjekte

Im Zentrum der derzeitigen Bemühungen zur Prozessoptimierung und damit zur Kostenreduzierung stehen in vielen Unternehmen die Beschaffungsprozesse für diejenigen C-Teile, die nicht direkt in die Produkte eingehen.

Diese Beschaffungsobjekte teilen sich auf in solche, für die Teilestämme und Teilenummern angelegt sind und in Teile, die nicht über Teilenummern identifizierbar sind. Bei den benummerten Beschaffungsobjekten handelt es sich meist um Teile mit wiederkehrenden Bedarfen, die dazu meist auch lagerbevorratet werden. Die restlichen Beschaffungsobjekte stellen sporadische Bedarfe dar für nicht planbare und unbekannte Teile, die über das ERP-System nicht bedienbar sind. Erfahrungsgemäß zählen 30 - 50 % aller Bedarfsanforderungen für sonstige Beschaffungsobjekte zur Gruppe mit wiederkehrenden Bedarfen, 70 - 50 % können den sporadischen Bedarfen zugerechnet werden.

Lange Jahre war der Beschaffungsprozess für die sonstigen Beschaffungsobjekte lästig, weil er

- verschiedenste Bereiche des Unternehmens tangierte,
- von aufwändigen Genehmigungsroutinen begleitet war und
- im Einkauf viel personelle Kapazität band bei wenig kaufmännischem Gestaltungspotential.

Rationalisierungsbemühungen scheiterten meist an der fehlenden Orientierung am gesamten Prozess und den Bereichsegoismen der am Prozess beteiligten Abteilungen. Wer möchte schon dem Einkauf Arbeit abnehmen? Wen interessiert der Aufwand in der Buchhaltung? Es gab genügend Hindernisse, die eine Lösung des Problems, d.h. die Optimierung dieses Beschaffungsprozesses, in weite Ferne rückten. Das hat sich in vielen Unternehmen geändert: Mit der „Verschlankung" von Organisationen sind die Erkenntnisse gestiegen, dass der Mitarbeiter durchaus in der Lage und bereit ist, mehr Eigenverantwortung zu tragen. Dies hat auch Auswirkungen auf den Prozess der C-Teile-Beschaffung.

Die Gestaltung eines optimalen Beschaffungsprozesses erfolgt mit denselben Zielsetzungen wie bei den Produktionsmaterialien (siehe 4.3.1). Dies ist einsichtig, dennoch sind gravierende Unterschiede bei den Lösungsansätzen zu finden, die eine getrennte Betrachtung sinnvoll machen. Je nach strategischer Ausrichtung und kurzfristiger Intension des Unternehmens sind verschiedene Konzepte denkbar:

- Einsatz eines elektronischen Katalogsystems
- Elektronische Bedarfsanforderung
- Einschaltung eines Einkaufsdienstleisters
- Procurement Card und Einkaufsausweis

4.3.2.1 Einsatz eines elektronischen Katalogsystems

Die Beschaffung von sonstigen Beschaffungsobjekten ist dadurch gekennzeichnet, dass diese überwiegend von geringem Wert sind und keine strategische Bedeutung haben. Dazu kommt, dass die Bestellfrequenz teilweise sehr hoch ist (bei den Wiederholteilen) und dass es innerhalb einer Warengruppe meistens viele Lieferanten gibt.

Praxisbeispiel:

Ein von Studierenden der FH Pforzheim untersuchtes Unternehmen mit einem Beschaffungsvolumen von ca. DM 40 Mio p.a. kauft seinen Bedarf an Büromaterial in Höhe von DM 100.000,-- bei 34 verschiedenen Lieferanten ein, die DM 400.000,-- für Werbematerialien verteilen sich auf 27 Lieferanten.[49]

Ein bedeutender Hersteller von Weißer Ware wickelt im Segment Arbeitsschutz 4.500 Bestellungen im Jahr mit 132 Lieferanten ab, im Segment diverses Elektromaterial sind es 13.500 Bestellungen bei 445 Lieferanten, bei Werkzeugen verteilen sich 673 Lieferanten auf 17.000 Bestellungen.[50]

Der Beschaffungsprozess für diese sonstigen Beschaffungsobjekte hat für das Unternehmensergebnis eine nicht unwesentliche Bedeutung, weil die Prozesskosten relativ hoch sind, oft den Bestellwert der Waren übersteigen. Einen groben Überblick über den Beschaffungsprozess gibt folgende Abbildung:

---

[49] unveröffentlichter Projektbericht FH Pforzheim, Fachbereich Beschaffung und Logistik, SS 1999
[50] Reinelt, Günther R., Partnerschaftlicher Aufbau einer eCommerce-Anwendung im Mittelstand, Referat BME-Symposium, Berlin 2000

Abbildung 35: Prozessschritte bei der Beschaffung sonstiger Beschaffungsobjekte

Einige typische Probleme dieses Beschaffungsprozesses sind:

- Beschaffungsregularien sind den Bedarfsträgern häufig nicht bekannt
- Preistransparenz fehlt bei fast allen Beschaffungsobjekten
- Bedarfe treten oft kurzfristig auf
- Transaktionskosten werden unterschätzt
- Regel- oder Stamm-Lieferanten sind den Bedarfsträgern nicht bekannt
- Bearbeitung der Bedarfsanforderungen in Buchhaltung und Einkauf mit geringer Priorität
- Bedarfsträger verhandeln direkt mit Lieferanten
- Ware und oft auch Rechnung sind schon im Haus, Auftrag ist noch nicht erteilt
- Hoher Klärungsbedarf und Auslieferungsverzögerungen bei vielen Anlieferungen im Wareneingang
- Oft sind Genehmigungswege einzuhalten, die die Beschaffung verzögern

Eine Lösung vieler dieser Probleme zeichnet sich durch die Einführung von Desktop-Purchasing-Systemen (DP-Systeme) ab. Bei diesen Systemen wird die Beschaffung von „Nichtproduktionsmaterialien" mit elektronischer Unterstützung durchgeführt.

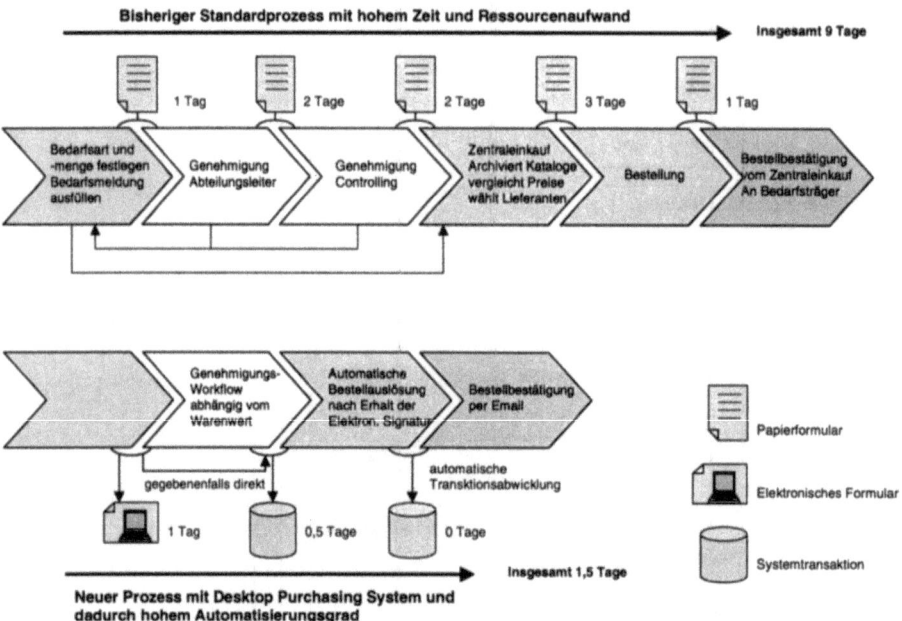

Abbildung 36: Optimierung des zeitlichen Prozessablaufs durch DP-Systeme (Bogaschewsky, Elektronischer Einkauf, S. 53)

DP-Systeme sind i.d.R. gekennzeichnet durch Multimedia-Lieferanten-Kataloge, durch vom Einkauf vorausgewählte Lieferanten und in den Prozess eingebundene Genehmigungs-Workflows, die bei Überschreiten von Bestell- oder Budgetgrenzen einsetzen. Jedem Bedarfsträger kann so ermöglicht werden, entsprechende C-Teile im Rahmen seines Budgets selbstständig zu beschaffen.

Man unterscheidet die Konzepte für elektronische Produktkataloge je nach der Verantwortlichkeit für den Katalog:[51]

- Das Unternehmen speichert und pflegt „seinen" Katalog, bestehend aus den Katalogen von ausgewählten Lieferanten in seinem firmeneigenen Intranet. Neue Katalogversionen werden von den Lieferanten elektronisch bereitgestellt und in den unternehmenseigenen Katalog integriert. Ebenso können die aktuellen Artikelverfügbarkeiten seitens der Lieferanten eingepflegt werden. Mit den Lieferanten werden durch den Einkauf Rahmenverträge abgeschlossen. (Buy-Side-Lösung)

- Lieferanten speichern und pflegen ihre eigenen Kataloge und gewähren interessierten Unternehmen Zugriff auf ihre Kataloge über das Internet. Auch die Bestellanwendung wird über die Internetseite des Lieferanten angeboten und ist wie der Katalog auf dessen Server hinterlegt. (Sell-Side-Lösung)

- Dienstleister stellen eine Bestellanwendung sowie Kataloge von diversen Lieferanten, mit denen sie Rahmenverträge abgeschlossen haben, über das Internet bereit oder vereinen diese Kataloge zu einem gemeinsamen Katalog, der gegebenenfalls modifiziert sein kann. (Provider-Lösung)

Auf diese Konzepte wird nachfolgend detaillierter eingegangen (Abb. 37).

Grundkonzeption eigenerstellter Katalogsysteme

Nachfolgend wird das Basiskonzept eines Katalogsystems erläutert. Dabei soll der Blick auf die Erfüllung der Zielsetzungen gerichtet sein. Die wohl effizienteste Variante einer Bestellanwendung mit integriertem Produktkatalog liegt vor, wenn beide Komponenten, also sowohl die Bestellanwendung als auch der Produktkatalog ins unternehmenseigene Intranet integriert sind. Das System kann dann nach den Vorstellungen der bestellenden Organisation konfiguriert werden, unterschiedliche Lieferantenkataloge können vereinheitlicht in der Bestellanwendung untergebracht werden. Ein wesentlicher Vorteil liegt darin, dass die Lieferanten-Kataloge auch an die Bedarfsstruktur des Unternehmens angepasst werden können, der eigene Katalog also nur die voraussichtlich benötigten Artikel beinhaltet. Das Unternehmen ist selbst für die Aktualität der Kataloge verantwortlich, kann dies aber auch an einen sogenannten Content-Provider übertragen.

---

[51]Bogaschewsky, Ronald, Neue Wege der Beschaffung, in: Bogaschewsky, Ronald (Hrsg.), Elektronischer Einkauf, Gernsbach 1999

Die Preisfindung in den Katalogsystemen erfolgt über vorab durch den Einkauf abgeschlossene Rahmenverträge.

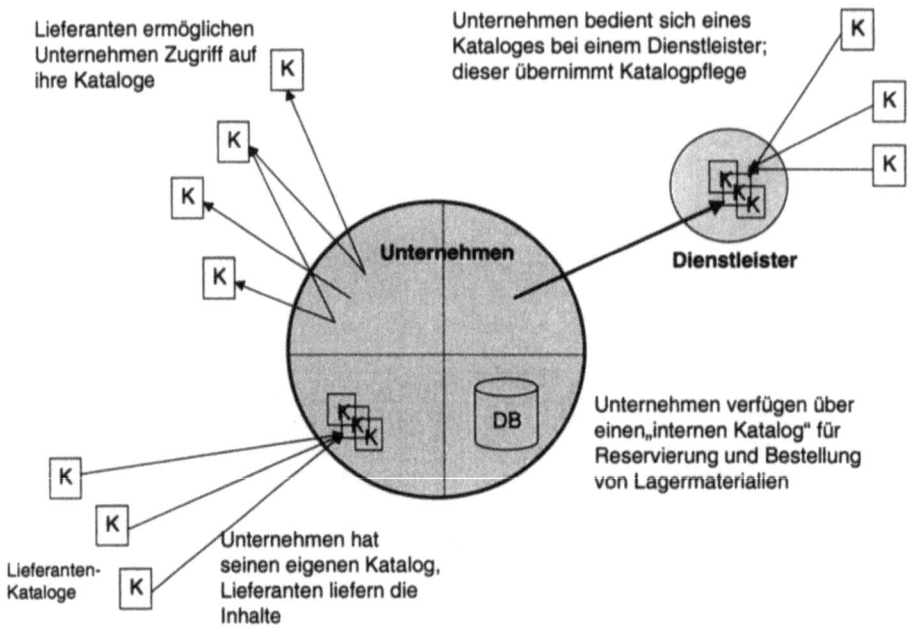

Abbildung 37: Katalog-Szenarien

Der Lernaufwand für den Anwender ist bei einem derartigen System natürlich geringer, da nur das Vertrautsein mit einer Bestellanwendung erforderlich ist. Die Kosten eines Bestellsystems mit Produktkatalogen sollte aber nicht außer Acht gelassen werden. Software- und Implementierungskosten, dazu die Pflegekosten im laufenden Betrieb. Es bedarf einer gewissen Unternehmensgröße oder einer entsprechenden Bedarfsstruktur, die diese Investitionen rechtfertigen. Derzeit ist der Einsatz von E-Business-Lösungen in deutschen Unternehmen noch nicht sehr weit fortgeschritten.

Praxisbeispiel:
Airport Frankfurt und C@CONTENT entwickelten eine derartige Lösung, die Einzelbestellungen bis DM 3.000,-- und Bestellungen aus Rahmenverträgen bis zu einem Wert von

DM 100.000,-- durch autorisierte Bedarfsträger zulässt, der Zentraleinkauf ist lediglich für diesen Rahmen übersteigende Aufträge zuständig.

Der Anforderer wählt sich per Internet-Browser und Kennwort ins Bestellsystem ein und findet eine Auswahl der möglichen Lieferanten und deren Kataloge. Über Kategorieauswahl kommt er zu einer Auswahl der benötigten Produkte, zu denen er sich bei Bedarf auch Bilder und Zusatztexte ansehen kann. Ist das benötigte Produkt gefunden, kann es mittels Mengenangabe und Bestellbutton in den Warenkorb gelegt werden. Dort werden alle Bestellungen der jeweiligen Sitzung gesammelt, auf Plausibilität und Budgetüberschreitung geprüft. Ist alles korrekt, werden die an die angeschlossenen Systeme, in denen Rechnungsaustausch und Zahlungsvorgänge erfolgen weitergeleitet. Die Lieferanten erhalten die Bestellungen elektronisch und liefern an den Wareneingang oder an den Anforderer direkt. Mit der Bestellanwendung können jederzeit aktuelle Bestellstatus oder Budgets kontrolliert werden. Die Durchlaufzeit der Bestellungen konnte von durchschnittlich 30 auf 2 Tage, die Kosten einer Bestellung von DM 280,-- auf DM 35,--, die Zahl der Lieferanten von 1.300 auf 180 reduziert werden.[52]

Katalogsystem und Bestellanwendung beim Lieferanten

Bei dieser DP-System-Variante bietet der Lieferant seinen Produktkatalog über das Internet an, autorisierte Nutzer erhalten ein Login-Passwort und haben per Internet mit einem Standard-Browser Zugang zum Katalog. Dieser Katalog kann auch unternehmensspezifisch ausgelegt sein, für die Artikel können Rahmenverträge mit individuellen Preisen vereinbart werden. Datenaktualität ist gewährleistet, die Suche nach benötigten Teilen wird mittels Suchfunktionen unterstützt, die auch unternehmensspezifisch sein können. Die Rechnungsstellung kann traditionell oder per Sammelrechnung erfolgen, auch der Einsatz von Procurement- oder Purchasing-Card ist möglich. Viele Lieferanten haben sich für Kataloglösungen entschieden, die eine Verfolgung der Bestellstatus vom Eingang der Bestellung bis zum Versand in Echtzeit ermöglichen.

Für das Unternehmen ergeben sich bei dieser Variante eines Katalogsystems einige Nachteile: Es fehlt die Markttransparenz, Preisvergleiche werden erschwert. Dann fehlt die Unterstützung bei der Datenverarbeitung, alle Bestellungen müssen ins firmeneigene ERP-System eingepflegt werden. Standardisierungen sind aufgrund der Vielzahl verschiedener Lieferanten schwer realisierbar. Anforderer müssen sich mit unterschiedlichen Katalogen und damit zwangsläufig mit unterschiedlichen Standards auseinandersetzen. Interne Genehmigungsprozesse können bei dieser Katalogsystemvariante nur schwer unterstützt werden. Probleme ergeben sich auch hier insbesondere für die sporadischen Bedarfe. Allein der Katalog eines Händlers für Elektromaterial kann 100.000 Teile und

---

[52] o.V., Stärkung strategischer Funktionen, in: Beschaffung aktuell 01/1999, S. 38ff.

mehr umfassen, entsprechend zeitaufwändig kann die Suche nach einem bestimmten Teil werden.

Es gibt aber auch Vorteile bei dieser Systemvariante, insbesondere die geringen Investitionskosten sind hier anzuführen. Die Beschaffung kann dezentralisiert werden, die Anforderer benötigen lediglich einen PC mit Internetzugang. Da der Anforderer anhand seines Passwortes eindeutig identifizierbar ist, können i.d.R. benutzerspezifische Budgets und Artikelspektren auf den Lieferantensystemen hinterlegt werden. Weitere Vorteile sind: Unternehmensspezifische Preise, hohe Datenaktualität, Wegfall von Rückfragen, Doppelarbeiten und Medienbrüchen (teilweise), hohe Transparenz der Beschaffungsprozesse, Reduzierung der Lieferantenvielfalt.

Insgesamt sind gegenüber einer klassischen Bestellorganisation eindeutige Vorteile gegeben.

Katalog und Bestellanwendung bei einem Dienstleister

Ein externer Dienstleister bietet Artikel mehrerer Lieferanten in einem Produktkatalog an und macht diesen Katalog verschiedenen Unternehmen über das Internet zugängig. Der Dienstleister übernimmt also die Funktion des zentralen Einkäufers. Preisvorteile können durch das „Pooling" der Bedarfe mehrerer Unternehmen erreicht werden. Es entsteht eine „virtuelle Einkaufskooperation".

Bestellungen und Lieferungen werden meist zwischen den Unternehmen und den Lieferanten direkt abgewickelt (Abwicklung ist aber auch über den „Full-Service"-Dienstleister möglich), die Finanzabwicklung kann ebenfalls direkt oder über den Dienstleister erfolgen. Der Einsatz einer Purchasing Card als Zahlungsinstrument ist möglich, ebenso Sammelrechnungen oder Gutschriftsverfahren.

Ausprägungen und Varianten der Katalogsysteme

Es ist nicht möglich, auf alle organisatorischen Möglichkeiten und Gestaltungs-Variationen dieser Systeme einzugehen, dafür sind die Angebote der Lieferanten, der Dienstleister und die Wünsche der Unternehmen zu vielfältig.

Denkbar ist es beispielsweise für gängige oder kritische Teile wie Ersatzteile Lieferanten-Konsignationslager einzurichten.[53] Denkbar ist auch der Einsatz einer automatischen Wareneingangsfunktion, bei der nicht der Bedarfsträger im System den Erhalt der Ware quittiert, sondern dies automatisch nach einer festgelegten Zeitspanne erfolgt.

Wie sind die Zielsetzungen für optimale Beschaffungsprozesse im Rahmen des C-Teile-Managements beim Einsatz von Katalogsystemen erfüllt?

- Verkürzung der Prozessketten durch Vereinfachung, Reduzierung oder Entfall von Arbeitsschritten

Durch die Dezentralisierung von Beschaffungsaufgaben hin zum Bedarfsträger werden mehrere Vorteile erreicht:

Für den Anforderer ist der Zeitvorteil wohl von entscheidender Bedeutung. Systeme können so konfiguriert werden, dass ehemals generell einzuhaltende Genehmigungsprozesse entfallen und erst bei Budgetüberschreitung durch im System vordefinierte elektronisch unterstützte Genehmigungs-Workflows aktiviert werden (dies wäre bei einer „manuellen" Organisation allerdings auch realisierbar). Der Ablauf ist überschaubar, die Verfügbarkeit der Artikel ist in vielen Systemen online überprüfbar, es müssen also keine unnötigen Bestände mehr gehortet werden, weil man nicht weiß, wann die bestellten Teile geliefert werden. Preistransparenz ist weitgehend gegeben, Änderungen der Daten im Stammsatz sind schnell möglich und dann für alle Anwender verfügbar.

Der Einkauf wird beim operativen Bestellvorgang für Katalogware entlastet, es müssen lediglich noch die Rahmenvereinbarungen mit Lieferanten abgeschlossen werden. Rückfragen vom oder beim Anforderer entfallen. Allerdings verbleibt das Bestellwesen für nicht im Katalog geführte Teile nach wie vor beim Einkauf, und darin liegt ein wesentliches Problem bei Einsatz der DP-Systeme: Für die sporadischen Bedarfe wird nach wie vor Bearbeitungskapazität des Einkaufs benötigt. Diese ist nicht unerheblich, denn diese 30 - 50 % der Artikel benötigen 80 - 90 % des gesamten Bearbeitungsaufwandes für die sonstigen Beschaffungsobjekte.

---

[53] Simossek, Karl und Walter, Jens, Angefangen hat es mit Büromaterial, in: Beschaffung aktuell 06/2000, S. 64ff.

Die Rechnungsprüfung wird stark vereinfacht. Über die Anmeldung des Bedarfsträgers im Bestellsystem kann automatisch die Kontierung für den Bedarfsfall erzeugt werden. Die Rechnungsprüfung wird auf den Bedarfsträger verlagert, der am besten weiß, ob geliefert wurde, ob Menge und Preis korrekt sind. Einer Entlastung der Buchhaltung stehen nur geringfügige Mehraufwendungen beim Bedarfsträger gegenüber.

Im Wareneingang entfallen die Buchungsvorgänge. Im Rahmen seiner Kostenverantwortung quittiert der Bedarfsträger den Wareneingang selbst (sog. Desktop-Receiving).

- Vereinfachung der Abrechnung

Die Abrechnung der bezogenen Produkte erfolgt meist über eine monatliche Sammelrechnung des Lieferanten oder des Dienstleisters. Es können aber auch Purchasing Cards als Zahlungsinstrument zum Einsatz kommen, schließlich ist auch die Anwendung eines Gutschriftsverfahrens denkbar. Durch die kostenstellenbezogene Gliederung der Rechnungen können die Buchungen ohne weitere Bearbeitung erfasst werden.

- papierlose Abwicklung der Bestellvorgänge

Durch den (weitgehenden) Wegfall von Medienbrüchen im Bestellprozess werden in erster Linie Übermittlungsfehler vermieden und damit der Verwaltungsaufwand und Doppelarbeiten reduziert.

- Reduzierung Lagerbestände und Kapitalbindung

Bedingt durch geringere Durchlaufzeiten und transparentere Vorgänge wie den Einblick in die Lagerbestände des Zulieferers kann die Lagerhaltung stark reduziert werden, bei Lieferung in einem definierten Zeitraum für viele Artikel sogar vollständig entfallen. Leistungsfähige Logistiksysteme sind allerdings eine Grundvoraussetzung dazu.

- Reduzierung Teilevielfalt durch Vorzugsprogramm

Ein Katalogsystem bringt durch die Einschränkung der individuellen Lieferanten- und Teilewahl gewisse Standardisierungseffekte. Oft waren es fehlende Informationen des Bedarfsträgers, die zu zusätzlichen Teilen/Lieferanten führten, oft aber auch bewusste Steuerung durch den Anforderer, für den es beim Einsatz eines Katalogsystems schwerer ist, auf seine „Vorzugs-Teile" oder „-Lieferanten" auszuweichen.

- Reduzierung der Liegezeiten und der Durchlaufzeit

Die Beschleunigung des Bestellprozesses und die Möglichkeit zur Online-Auftragsstatusverfolgung für alle am Prozess Beteiligten führen auch zu erheblichen Zeitvorteilen (siehe Praxisbeispiel Flughafen Frankfurt).

- Reduzierung der Lieferantenvielfalt

Durch ein DP-System wird dem Anforderer die Möglichkeit genommen, bei „seinem" Wunschlieferanten zu bestellen. Die Anzahl der Lieferanten reduziert sich, die Beschaffungsvolumina je Lieferant werden größer, Konditionenvorteile können sich einstellen. Die Reduzierung der Lieferantenvielfalt wird allerdings am effektivsten sein, wenn die Beschaffung der sonstigen Beschaffungsobjekte möglichst komplett auf einen Dienstleister übertragen wird. (siehe 4.3.2.3)

Probleme beim Einsatz von Katalogsystemen

Ein Problem bei der Katalogbereitstellung ist, dass Lieferantenkataloge nicht einheitlich aufgebaut sind und der Bedarfsträger sich deshalb durch unterschiedlichste Darstellungsvarianten „kämpfen" muss. In der betrieblichen Praxis ist aber gerade der zu treibende Aufwand ein wesentliches Kriterium für die Akzeptanz eines Kataloges durch die Bedarfsträger.

Unternehmenseigene Kataloge lassen sich durch Konvertierung der Lieferantenkataloge am ehesten einheitlich darstellen, der Aufwand ist allerdings erheblich.

Wichtig ist es deshalb, dass einheitliche Standards geschaffen werden für die Klassifizierung der Katalogartikel aber auch für die Datenübermittlung und den Austausch der Kataloge. Es ist wichtig, dass die Kataloge einheitliche Strukturen aufweisen, dass Angebote vergleichbar werden und dass sich Pflege- und Erstellungsaufwand auch für die Lieferanten reduzieren. Erste Standardisierungserfolge sind in Deutschland bereits zu verzeichnen mit dem Klassifizierungssystem Eclass zur Strukturierung der Artikelspektren und mit dem BMECat zur Standardisierung des allgemeinen Katalogaufbaus, zur Erleichterung deren Aktualisierung und des Austauschs zwischen den Partnern.

Ein weiteres Problem der Kataloge ist, dass nicht alle Beschaffungsobjekte, die vom Bedarfsträger gebraucht werden, im Katalog enthalten sind. Katalogsysteme mit mehreren Millionen möglicher Beschaffungspositionen sind für den Anwender nicht wirtschaftlich nutzbar. Es gibt Untersuchungen, die bestätigen, dass Katalogsysteme nur ca. 50 % der gewöhnlichen Bedarfe abdecken. Das sind überwiegend die Bedarfe für die Wiederholteile. Die restlichen 50 %, die sporadischen Bedarfe, müssen aus Vergangenheitsdaten des Unternehmens ermittelt und in den Katalog eingepflegt werden. Dieser Aufwand ist erheblich und wird trotzdem immer nur einen Bruchteil der sporadischen Bedarfe abdecken. Die restlichen Positionen müssen nach wie vor über einen Einkäufer im Unternehmen selbst, oder aber über einen Dienstleister beschafft werden.

Ein ebenfalls nicht zu unterschätzendes Problem liegt im zügigen Auffinden der gewünschten Teile. So müssen Katalogsysteme in der Lage sein, auch bei Eingabe von Synonymen die korrekten Artikel zu finden. Wie reagiert ein Anwender, der mehrmals vergeblich Teile gesucht hat? Es kann sehr schnell geschehen, dass der frustrierte Systemnutzer seine Bedarfe wie früher an den Einkauf zur Bearbeitung leitet.

Eine Fragestellung, mit der Unternehmen ebenfalls konfrontiert werden: Mit welchen Antwortzeiten wird der Anwender in einem 100.000 und mehr Teile umfassenden Katalogsystem konfrontiert? Der Vorteil eines internetbasierten Informationssystems, vielleicht sogar mit Zugriff auf Statusinformationen ist schnell dahin, wenn die „Performance" schlecht ist. Ob das Offline-Vorhalten der Kataloge beim Anwenderunternehmen die geeignete Lösung ist, scheint fragwürdig.

4.3.2.2 Elektronische Bedarfsanforderung

Es gibt Unternehmen, die erhebliche Teile ihrer C-Teile-Beschaffung nicht aus Standardmaterial-Katalogen bestreiten können, da sie die Mehrzahl der Beschaffungsobjekte oft nur einmal einkaufen und diese zudem häufig erklärungsbedürftig sind. Das Einbinden von Katalogen in den hausinternen Bestellprozess wäre unwirtschaftlich. Dennoch kann auch in solchen Fällen der Beschaffungsprozess teilweise dezentralisiert, d.h. auf den Bedarfsträger verlagert und dadurch der Beschaffungsprozess verbessert werden.

Die handschriftlich oder per E-Mail erstellte Bedarfsanforderung ist nicht durch eine dezentrale Eingabe der Bestellanforderungen im komplexen ERP-System ersetzbar. Dazu wäre beim Bedarfsträger zuviel Detailwissen über die ERP-seitigen Eingabeerfordernisse notwendig. Die Eingabe von Daten wie Sachkonto, Bestellart, Lieferplan, Kontrakt, etc., in die Mussfelder des ERP-Systems, dazu noch die notwendigen Kenntnisse zur Transaktionsfolge werden für den ungeübten Bedarfsträger schnell zum KO-Kriterium.

Eine Lösung ist mithilfe des Internets in Form einer „Elektronischen Bedarfsanforderung" möglich. Der WWW-Browser ist über das Intranet an das ERP-System angeschlossen. Eingabeunterstützung erhält der Anwender durch kontextabhängige Auswahl von Informationen über Scrollbars. Dazu werden Eingabewerte, die in Tabellen hinterlegt sind, aus den Berechtigungsprofilen der Nutzer und den betrieblichen Rahmendaten automatisch ermittelt. Alle Eingaben erfolgen auf WEB-Basis, einer Technologie die den Bedarfsträgern geläufig ist, die Datenaufbereitung und -speicherung im ERP-System. Die Bedarfsanforderung wird also ERP-gerecht erstellt und an das ERP-System zur Weiterbearbeitung durch den Einkauf übertragen (hier wäre auch der Einsatz eines Dienstleisters denkbar). Diese Ablauforganisation lässt sich natürlich auch für die Beschaffung von Investitionsgütern unter Einschaltung des Einkaufs anwenden.

Wesentliche Zielsetzungen des C-Teile-Managements können auch mit solchen Lösungen erreicht werden. Die Prozesskette wird kürzer, Rückfragen sind seltener, papierloses Arbeiten bringt Zeitvorteile. Allerdings erfordert eine solche Lösung einen nicht zu unterschätzenden Programmier-Aufwand für die Schnittstelle zum ERP-System.

4.3.2.3 Beschaffung sonstiger Beschaffungsobjekte über Dienstleister

Bei allen Bedarfen, die nicht dezentral über Kataloge beschafft werden können, muss auch in Zukunft der Einkauf aktiv werden, es sei denn, ein Dienstleister steht für die Beschaffung dieser Bedarfe bereit. Der Nachteil, der sich bei einem Katalogeinsatz für 50 % der Bedarfe und konventioneller Beschaffung für die restlichen 50 % ergibt, ist, dass die auf der einen Seite gewonnenen Bündelungseffekte auf der anderen Seite wieder verloren gehen (Preisaspekt). Außerdem ist die Umschichtung von fixen Kosten zu variablen nur unvollständig (Prozesskostenaspekt).

Deshalb macht es durchaus Sinn, die Beschaffung der sonstigen Beschaffungsobjekte insgesamt einem spezialisierten Dienstleister zu übertragen. Dieser verfügt in der Regel über hohes warengruppenspezifisches Knowhow (C-Teile des Unternehmens werden zu A-Teilen des Dienstleisters) und erreicht so schnell Bündelungseffekte.

Eine wesentliche Frage beim Einsatz eines Dienstleisters ist, ob die Dienstleistung über die Einkaufspreise verrechnet wird oder als Dienstleistung separat bezahlt wird.
Wird die Dienstleistung über die Einkaufspreise abgegolten, geht für das Unternehmen die Beschaffungsmarkttransparenz verloren, Preisvorteile nutzen nur dem Dienstleister, es sei denn, dieser gibt die Preisreduzierungen weiter. Wird die Dienstleistung separat bezahlt, entsteht zwar ein der ehemaligen Eigenleistung vergleichbarer Kostenblock. Diese Lösung erleichtert aber die Beurteilung der Kosten für die Dienstleistung. In diesem Fall ist es sinnvoll, Preisreduzierungs-Vereinbarungen über das Beschaffungsprogramm zu treffen, die jährlich erneuert werden und die kontrollierbar sein müssen.

Diese Kontrolle kann beispielsweise über den Einsatz eines sogenannten „aktiven Warenkorbs" erfolgen. Aus der Fülle des beschafften Güterangebots werden Repräsentanten ausgewählt, die den gesamten Bedarf einer Warengruppe mit hinreichender Genauigkeit abbilden. Anhand der Verbrauchsgewohnheiten des Unternehmens werden dann Preisindizes errechnet, die Aussagen über die Preisveränderungen im Zeitablauf zulassen.

Den Zielsetzungen des Einkaufs kommt der Einsatz eines spezialisierten Dienstleisters sehr weit entgegen, weil häufig keine Eingriffe in der hausinternen IT erforderlich sind. Der Dienstleister übernimmt entweder die Datensätze direkt aus dem ERP-System des Unternehmens oder er stellt ein eigenes Bestellsystem (Katalogsystem mit zusätzlicher Bestellroutine für Nichtkatalogware) zur Verfügung.

Die interne Prozesskette kann auf diese Weise stark verkürzt werden, ebenso kann die Kapitalbindung und die Durchlaufzeit reduziert werden. Ein weiterer Vorteil einer solchen „Full-Service-Dienstleistungsvariante" ist die Bedarfsbündelung auf einen oder wenige Lieferanten und der Erfolg bei Standardisierungsbemühungen, die dem Dienstleister aufgrund der warengruppenspezifischeren Kenntnisse und der Tatsache, unternehmensfremd zu sein, einfacher fallen als dem Einkauf.

Ein Problem, das sich auch nicht durch den Einsatz elektronischer Kataloge oder von Full-Service-Dienstleistern lösen lässt, ist die Häufigkeit von Anforderungen für gleiche Beschaffungsobjekte. Diese verursachen hohe Abwicklungsaufwendungen im Unternehmen selbst, aber auch bei einem eventuell eingeschalteten Dienstleister.

Dabei sind es insbesondere die hohen Logistikkosten für den Transport von den Lieferanten über den Wareneingang bis zum Bedarfsträger, denn da bewegen sich nicht nur Informationen in elektronischen Datennetzen, sondern körperlich vorhandene Beschaffungsobjekte. Personal wird benötigt. Die vermeintlichen Kostenvorteile aus der Prozessvereinfachung werden schnell reduziert oder in Kostennachteile gewandelt. Deshalb ist es zur Optimierung oft sinnvoll, für die gängigen Wiederholteile ein überschaubares Pufferlager in Lieferanten-, Eigen- oder Dienstleister-Regie aufrechtzuerhalten.

Für die Kreditoren- oder Lieferantenstammverwaltung ist bei der Einschaltung eines Dienstleisters in der Reduzierung der Lieferantenvielfalt und dem begleitenden reduzierten Verwaltungsaufwand ein wesentlicher Vorteil zu sehen. Probleme durch Lieferscheine und Rechnungen mit unterschiedlichen Beleginhalten, Rechnungen mit kleinen Rechnungsbeträgen, unterschiedlichste Zahlungsbedingungen oder Schwierigkeiten in der EDI-Anbindung sporadisch liefernder Zulieferer treten nicht mehr auf.

Eine Schwierigkeit beim Einsatz eines Full-Service-Dienstleisters liegt darin, dass die Einkäufer in einem solchen System nicht mehr direkt vor Ort ansprechbar sind, weil der Dienstleister in der Regel nicht im Betrieb des Unternehmens sitzt. Ein Lösungsansatz ist die Einrichtung einer Hotline mit Live-Videobildschaltung zum warengruppenspezifischen Experten des Dienstleisters. Bei dieser Lösung ist allerdings eine Gefahr darin zu sehen, dass die Bedarfsträger bequem werden und lieber die Hotline anrufen, als im Katalog nach den benötigten Beschaffungsobjekten zu suchen.

4.3.2.4 Beschaffung sonstiger Beschaffungsobjekte mittels Procurement Card oder Abholauftrag

Zur Versorgung mit Materialien, deren Bedarfe spontan auf Montagestellen, im Aussendienst oder bei der Werksunterhaltung anfallen, bietet sich der Einsatz einer Procurement Card an. Unter einer Procurement Card ist ein Einkaufsausweis des Unternehmens oder eines Dienstleisters zu verstehen, der zur Legitimation des Bedarfsträgers dient. Der Mitarbeiter kauft bei empfohlenen Lieferanten ein, zu verhandelten Preisen, die Bestellschreibung durch den Einkauf entfällt, Sammelabrechnungen erfolgen in festgelegten Zeitintervallen.

Die Ad-hoc-Auftragsabwicklung bei sonstigen Beschaffungsobjekten kann auch anders erfolgen: Mitarbeiter kaufen mittels eines selbsterstellten Abholauftrags unter Vorlage ihres Firmenausweises in speziellen Unternehmen ein, mit denen vorab entsprechende Vereinbarungen getroffen wurden. Rechnungsstellung erfolgt mit beigefügtem Abholauftrag, die Rechnung wird bezahlt, ohne dass im

ERP-System eine Bestellung erzeugt wird (Ablauf vor Einführung des Abholauftrags: Eingabe, BANF, nachträgliche Bestellung, Zahlung).

Abholauftrag

Sehr geehrter Lieferant,

gemäß unserer Vereinbarung entsenden wir untenstehenden Mitarbeiter zur Abholung dringend benötigter Teile. Bitte lassen Sie sich vom Abholer seinen **SEW-Ausweis** vorlegen und **überprüfen** Sie, ob der unten angegebene Name und die Personalnummer übereinstimmen. Dem Abholer sind die Teile mit Lieferschein auszuhändigen. Lassen Sie sich bitte die Entgegennahme durch Unterschrift des Abholers bestätigen.

Alle Unterlagen müssen das **Datum der Abholung**, die **Abteilung** und die **Kostenstelle** bzw. **Projektnummer** oder **RM-Inst.-Nr.** tragen oder eine Kopie dieses Schreibens angeheftet haben.

Abholer:	Name:
	Personal-Nr.:
	Tel.-Nr.:
Bestelldaten:	Datum:
	Abteilung:
	Kostenstelle:
	Projekt-Nr.:
	RM-Inst.-Nr.:

Abbildung 38: Muster eines Abholauftrags am Beispiel SEW, Bruchsal

Auch bei dieser Abwicklungsform werden die Zielsetzungen des C-Teile-Managements weitgehend erfüllt. Der Abwicklungsaufwand und die Durchlaufzeiten werden auf ein Minimum reduziert.

So gibt es noch viel andere Abwicklungsvarianten, die einzelne oder mehrere Teilschritte des Beschaffungsprozesses für C-Teile vereinfachen oder sogar überflüssig machen. Neue Formen werden bei der zunehmenden Beschäftigung mit den Fragen des C-Teile-Managements entwickelt werden. Nur einige Möglichkeiten wurden exemplarisch vorgestellt, um als Anregung zu dienen, eigene Prozessverbesserungen zu gestalten.

4.4 Reduzierung der Einkaufspreise als Ratioansatz

Die derzeitigen Bemühungen, im C-Teile-Management durch Prozessoptimierung Kostenreduzierungs-Potentiale zu realisieren, verschließen oft den Blick auf einen zweiten wesentlichen Aspekt: Bei C-Teilen sind auch Preisreduzierungen in erheblichem Umfang möglich. 30 - 50 % Einsparung sind je nach Warengruppe neben den manchmal eher schwer quantifizierbaren Prozesskosten-Einsparungen durchaus realistisch. Bei den meisten derzeitigen Realisierungsansätzen wird die Preiskomponente zuwenig berücksichtigt, insbesondere die Potentiale, die sich aus der warengruppenspezifischen Bündelung und der gemeinsamen Betrachtung von benummerten Teilen und sonstigen Beschaffungsobjekten ergeben können.

Die wesentlichen Argumente, die diese Feststellung stützen sind die folgenden:

- Lieferanten erkennen Aufträge für sonstige Beschaffungsobjekte und können davon ausgehen, dass beim Unternehmen für diese Bedarfspositionen keine Preistransparenz besteht. Folglich werden entsprechend „großzügig kalkulierte" Preise in Rechnung gestellt. Auf diesen Sachverhalt wurde an anderer Stelle schon verwiesen.

- Einkäufer oder Bedarfsträger haben häufig weder Zeit noch besonderes Interesse, „unwesentliche" Bedarfe anzufragen und zu verhandeln. Weitere Bedarfe für Beschaffungsobjekte aus derselben Warengruppe fallen nur sporadisch an, so dass auch nur selten Bündelungseffekte erreicht werden. Die Beschaffung der Sonderbedarfe erfolgt dazu meist nicht über den Einkäufer, der die Serienbedarfe (die Teile mit Teilestamm und Teilenummer) für ähnliche Beschaffungsobjekte beschafft. So ist es durchaus möglich, dass dieselben Teile sowohl für die Serie als auch für Sonderbedarfe zu unterschiedlichen Preisen eingekauft werden.

Praxisbeispiel: Spindellager, Einkaufspreis für die Serie DM 95,-- je Paar, Einkaufspreis in der Ersatzteilbeschaffung direkt beim Lagerhersteller DM 238,-- je Stück, bei Beschaffung der Lager beim Hersteller der defekten Maschine DM 450,-- je Stück.

- Häufig erkennen größere Unternehmen aufgrund unterschiedlicher Nummernsysteme oder Schreibvorschriften in den verschiedenen Konzernunternehmen Bedarfe für identische Beschaffungsobjekte nicht, selbst bei nachträglichen Analysen. Bündelungseffekte werden nicht oder nur unzureichend genutzt. Zudem werden identische Beschaffungsobjekte häufig bei verschiedenen Lieferanten bezogen oder es gibt für die einzelnen Konzernunternehmen unterschiedliche Preise beim ein und demselben Lieferanten.

Preisvorteile lassen sich in erster Linie durch

- Schaffung erhöhter Transparenz in den Beschaffungsspektren,
- Bündelung von Bedarfen und
- Reduzierung der Lieferantenvielfalt

erzielen. Im folgenden werden einige Gestaltungsansätze diskutiert.

4.4.1 Verbesserung des Informationswesens

Die Informationsbeschaffung und der Informationsaustausch lässt sich bei vielen dezentral organisierten Unternehmen durch den Aufbau interner Datenbanken oder sogenannter Data-Warehouse-Systeme verbessern, auf die Einkäufer aus verschiedenen Standorten zugreifen können (z.B. auf Preise, auf Preisentwicklungen, auf generelle Lieferantenkonditionen).[54]

Der Aufbau von Wissensdatenbanken führt zu Bedarfstransparenz und kann Vorteile für die Bedarfsbündelung bringen. Dabei sind Preisvorteile realisierbar, unabhängig davon, ob Teilenummern existieren oder nicht. Allerdings ist der Vorbereitungsaufwand für solche Projekte nicht zu vernachlässigen. Für die kooperative, konzernübergreifende Strukturierung der Bedarfe hat sich der Begriff des Materialgruppen-Managements herausgebildet.[55] Dabei scheint die unternehmensweite Einführung von eindeutigen Materialnummern eine notwendige Voraussetzung zu sein. Auf der Basis von Eclass könnte beispielsweise eine detaillierte Klassifizierung der Beschaffungsspektren erfolgen.

4.4.2 Bildung von Einkaufskooperationen

Nach erfolgreicher Verbesserung des Informationsaustauschs können Bedarfe gebündelt werden. Dies geschieht im Großunternehmen oder in der Unternehmensgruppe durch

---

[54] Rohde, Armin, Informationsnetz für die Industrie – weltweit, in: Beschaffung aktuell 08/1998
[55] Kalbfuß, Walter (Hrsg.), Materialgruppenmanagement, Quantensprung in der Beschaffung, Wiesbaden 2000

- den Zentraleinkauf,
- den für eine bestimmte Warengruppe jeweils größten Bedarfsträger (Lead-Buyer) oder
- ausgegliederte, konzernnahe Dienstleistungsunternehmen,

die bei der Bedarfsbündelung die Koordinatorenrolle übernehmen und Rahmenaufträge mit entsprechenden Lieferanten abschließen, auf die alle dezentralen Einheiten sich beim Einkauf berufen können.

Für kleinere und mittlere Unternehmen lassen sich Bündelungseffekte am ehesten erreichen, wenn Kooperationen eingegangen werden. Diese können in Form echter Einkaufskooperationen erfolgen oder solcher, die nur auf virtueller Basis im Internet basieren.

Speziell im C-Teile-Bereich ist die Bildung von echten Einkaufskooperationen zu aufwändig, sind die Beschaffungsspektren und die Beschaffungsvolumina kleiner und mittlerer Unternehmen zu heterogen. Bestehen allerdings Kooperationen im A- und B-Teile-Segment, macht die Zusammenarbeit auch für ausgewählte Warengruppen des C-Teile-Spektrums Sinn.

Virtuelle Kooperationen, also informationstechnische Vernetzungen, werden für kleinere Unternehmen in Zukunft zunehmende Bedeutung gewinnen. Analog zu den Großunternehmen ist aber auch hier eines der Hauptprobleme das Herausfiltern der zur Bündelung der Bedarfe notwendigen Informationen aus unterschiedlichen Informationssystemen der verschiedenen Partner. Ideal wäre eine Art „EAN-Code" für Industrieprodukte analog dem Konsumbereich. Leider wird das eine Illusion bleiben. Deshalb bietet sich auch für diese Unternehmen die Zusammenarbeit mit Dienstleistern an, die sich auf derartige Koordinierungsaufgaben und auf die Märkte für C-Teile konzentrieren.

4.4.3 Preisoptimierung mit Full-Service-Dienstleistern

Der Aufwand einer detaillierten Preisanalyse ist bei B- und C-Teilen gegenüber den Kosten des Beschaffungsobjektes bzw. den zu erwartenden Einsparungen unverhältnismäßig hoch. Weder kontinuierliche Preisbeobachtung, detaillierte Preisstrukturanalysen, partielle Preisvergleiche noch das Einholen von Angeboten machen deshalb wesentlichen Sinn. Dies ist anders, wenn ein Dienstleister, der in der Regel auf den Beschaffungsmärkten für C-Teile über bessere Marktkenntnis verfügt, sich nach der Bündelung der Bedarfe seiner Kunden mit diesen Fragen auseinandersetzt.

Dabei sollten Dienstleister-Konzepte, die entweder Einsparungen garantieren oder deren Honorar abhängig von den erreichten Einsparungen zu zahlen ist, Vorrang vor den Konzepten haben, die eine Beteiligung an den Einsparungen lediglich in Aussicht stellen. Nur wenn beide Partner an den Preiseinsparungen beteiligt sind, ist ein kontinuierlicher Verbesserungsprozess gewährleistet (siehe hierzu auch 4.3.2.3).

4.5 Realisierung von Lösungsansätzen

Führende Fachleute halten Einsparungen in der C-Teile-Beschaffung von durchschnittlich 50 - 60 %, in Einzelfällen bis zu 90 % für realistisch. Der Hauptgrund ist neben den nicht realisierten Preisreduzierungen, dass große Warenwirtschaftssysteme bei geringwertigen oder sporadisch auftretenden Bedarfen keine rationelle Arbeitsweise zulassen. Diese Bedarfsfälle bieten sich deshalb zur Optimierung geradezu an. Moderne Kommunikations- und Informationstechnik mit Internet und Softwarepaketen liefern leistungsfähige und kostengünstige Werkzeuge und bringen den Durchbruch beim schnellen Austausch von Informationen.

Es ist aber nicht damit getan, eine elektronische Beschaffungslösung einzukaufen, diese muss auch an die internen Systeme angebunden werden können. Dabei sind die Lösungen von Vorteil, die keine Eingriffe ins ERP- oder SCM-System notwendig machen, aber auch keine zusätzlichen Parallelabwicklungen in verschiedenen Systemen erfordern. Medienbrüche sind zu vermeiden, ebenso manuelle Eingriffe.

Nachdem im Unternehmen die Beschaffungsprozesse eingehend analysiert wurden und für die identifizierten Schwachstellen Lösungsalternativen erarbeitet und diskutiert sind, steht die Umsetzung der vorgesehenen Verbesserungsmaßnahmen an.

Make-or-Buy ist kein neuer Begriff, wenn es um die Umsetzung von wirtschaftlichen Lösungsansätzen im Zusammenhang mit Fertigungsprozessen geht. Viele andere Aktivitäten im Unternehmen sind heute an Dienstleister vergeben: Personalbeschaffung, Energieerzeugung, Fuhrpark, Reinigungsdienste, u.v.m. Die Konzentration auf die eigenen Kernkompetenzen bedeutet auch intensives Nachdenken, inwieweit bisher selbsterstellte Dienstleistungen zukünftig von externen Unternehmen bezogen werden. Jede Unternehmung kann entscheiden, ob eine bestimmte Leistung fremdvergeben werden soll, ob diese weiter in Eigenregie oder in Form einer Kooperation mit einem bestehenden Lieferanten erbracht werden soll.

Wurden in der Vergangenheit oft komplette Funktionen ausgelagert, kommt mittlerweile eine Variante dazu: Lediglich die unwirtschaftlichen, zeit- und kostenintensiven Teilbereiche werden auf Spezialisten übertragen. Die Frage, die jeder Verantwortliche für seinen Bereich beantworten muss, lautet deshalb: Wieviel Kompetenz kann in welchem Aufgabensegment abgegeben und wieviel Kompetenz muss für das Unternehmen aus welchem Aufgabenbereich erhalten werden, um den Gesamterfolg des Unternehmens nicht zu gefährden?

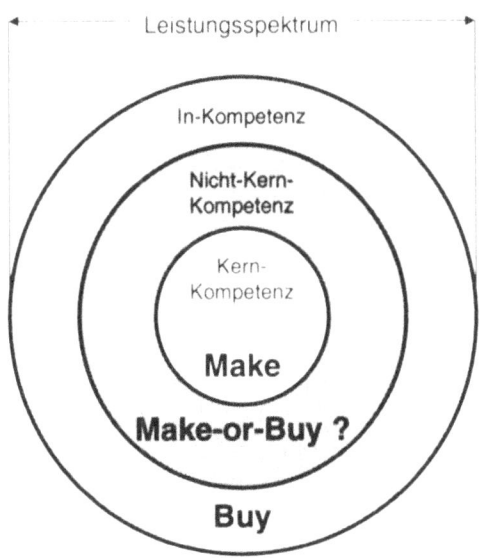

Abbildung 39: Objekte einer Make-or-Buy Entscheidung (nach Boutellier, S. 17[56])

Outsourcing ist dabei nur eine Lösungsalternative. Outsourcing bezeichnet die Auslagerung und dauerhafte Übertragung von bislang unternehmensintern erbrachten Tätigkeiten auf fremde Unternehmen. Diese Dienstleister übernehmen nicht nur die Abwicklung, sondern sie tragen für die Abwicklung der übertragenen Prozesse auch die unternehmerische Verantwortung.

Nach einer von unserem Fachbereich im Frühjahr 2000 durchgeführten Befragung von 250 Einkaufsverantwortlichen beschäftigten sich schon 220 mit dem Outsourcing von Beschaffungsaktivitäten (siehe S. 60). Nachdem etwa seit 1995

---

[56] Boutellier, R., Locker, A., Beschaffungslogistik, München-Wien 1998

erste Outsourcingaktivitäten festgestellt werden, steigt die Bedeutung des Themas in den letzten Jahren kontinuierlich.

Das stetige Wachstum in der Nachfrage nach Einkaufsdienstleistungen hat zu einer Ausweitung der Zahl der Anbieter geführt. Eine sorgfältige Auswahl nach den zu erwartenden Möglichkeiten zur Optimierung der Beschaffungs- und Logistikprozesse sollte bei der Entscheidungsfindung genauso als Kriterium berücksichtigt werden wie das Potential des Dienstleisters zur nachhaltigen Reduzierung der Einkaufspreise.

Eine eindeutige Methode oder Strategieempfehlung für das Treffen von Outsourcing-Entscheidungen gibt es bislang nicht. Jeder Verantwortliche muss diese anhand seiner spezifischen Ziele treffen, häufig sind dies folgende:

- Konzentration aufs Kerngeschäft

Durch die Verlagerung von Beschaffungsaktivitäten an einen externen Dienstleister erhält der Einkauf die Möglichkeit, sich selbst verstärkt um sein Kerngeschäft zu kümmern, d.h. auf die Aufgaben, die dem Unternehmen einen strategischen Wettbewerbsvorteil bringen. Das werden insbesondere Maßnahmen bei den A-Teilen sein.

- Erhöhung der Flexibilität

Eine Beschaffungsabteilung, die bestimmte Leistungen extern zukauft, gewinnt an Flexibilität auf den Märkten. Es bleibt mehr Zeit für eigene marktorientierte Aktivitäten. Weitere Vorteile können sich durch die Möglichkeit ergeben, kurzfristig Kapazität aufzubauen und somit flexibel auf sporadische Bedarfe zu reagieren.

- Realisierung von Kosteneinsparungen

Beschaffungsprozesse erfordern ähnlichen Abwicklungsaufwand, unabhängig vom Preis der Teile. Personal- und andere Fixkosten fallen im Unternehmen an. Eine Konzentration auf das Einkaufsspektrum im eigentlichen Kerngeschäft bringt dem Einkauf größere Kosteneinsparungen als Aktivitäten bei Beschaffungsobjekten, die nicht zu seinem Kerngeschäft zählen. Umgekehrt können Dienstleister, welche die C-Teile-Beschaffungsprozesse beherrschen und die in den jeweiligen Beschaffungssegmenten Experten sind, mithelfen, Prozesskosten-Einsparungen, aber auch Preisreduzierungen zu realisieren.

- Nutzung zusätzlichen Knowhows und neuer Dienstleistungsangebote

In vielen Randsegmenten fehlt dem Einkauf das hochqualifizierte Knowhow für eine optimale Beschaffungentscheidung. Spezialkenntnisse Externer in solchen Tätigkeitsfeldern können schnell und problemlos für das eigene Unternehmen nutzbar gemacht werden. Oft sind es aber auch innovative oder kreative Angebote von Dienstleistern, die den eigentlichen Beschaffungsprozess betreffen. Ist der Dienstleister Spezialist für ein bestimmtes Beschaffungssegment oder für spezielle Warengruppen, kann sich auch die Qualität der zu beschaffenden Waren verbessern.

Praxisbeispiel:

Kleine Unternehmen kaufen C-Teile oft günstiger ein als Großunternehmen. Eine Ursache liegt darin, dass der persönliche Bezug zu den Teilen größer ist, der Einkäufer die Teile besser kennt.

Die Bündelung von Bedarfen auf wenige Dienstleister oder Lieferanten ermöglicht die Einführung von Sammelrechnungen inklusive der richtigen Kontierung, aber auch vereinfachte Prozessabläufe bei der Wareneingangsabwicklung.

- Zeitvorteile

Als Folge der vorstehenden Zielsetzungen ist natürlich auch ein Zeitgewinn bei der Beschaffung von C-Teilen zu verzeichnen. Die Reduzierung von Liegezeiten führt zu einer Erhöhung des Servicegrades und damit auch zu kürzeren Durchlaufzeiten.

Praxisbeispiel: Gerade C-Teile-Bedarfe werden im Einkauf häufig en bloc, z.B. einmal wöchentlich bearbeitet und bestellt.

- Sonstige Entscheidungskriterien

Mit dem Einsatz eines Dienstleisters kann auch eine gewisse Standardardisierung der Beschaffungsobjekte, eine Reduzierung der Variantenvielfalt und ebenso eine Reduzierung der Lieferanten einhergehen. Der Dienstleister wird sich stärker mit der Pflege des Sortimentes beschäftigen.

Kooperationstiefe und Kooperationsbreite der Zusammenarbeit zwischen Dienstleister und Einkauf müssen immer wieder überprüft werden, um ein jeweiliges Kostenoptimum zu erreichen. Die Beziehungen sollten aber auch auf hohem gegenseitigen Vertrauen und Verständnis für die organisatorischen und betrieblichen Belange des Partners basieren.

Dabei ist zu beachten, dass nicht jede Dienstleistung, die erbracht werden kann, auch sinnvoll ist und zu Wettbewerbsvorteilen führt. Die Entscheidung über Art und Umfang der zu erbringenden Dienstleistungen ist deshalb von großer Bedeutung.[57] Reichen die am Markt angebotenen Standard-Dienstleistungen, bei denen der Kunde keine speziellen Wünsche einbringen kann, aus oder ist es nicht sinnvoller, individuelle und flexible Dienstleistungsanforderungen zu formulieren und hierfür geeignete Partner zu suchen?[58] C-Teile-Management unter dem reinen Wertaspekt zeigt den Weg auf in Richtung Standard-Prozesse. Den Partner für die Lösung der individuellen Probleme in den Anforderungen zu finden, führt aber erst zum durchschlagenden Erfolg. Die Beschaffung und Versorgung des Unternehmens mit Büromaterial auf einen Dienstleister zu übertragen stellt und stellte auch in der Vergangenheit nicht das Problem dar.

4.6 Umsetzung einer Outsourcingentscheidung

Der Anstoß für ein Outsourcing-Projekt kann sich aus Veränderungsprozessen, der Verschlankung des Unternehmens oder der Konzentration aufs Kerngeschäft ergeben.

Viele Unternehmen haben allerdings Vorbehalte, wenn es um die Übertragung anspruchsvollerer und komplexerer Aufgaben geht. Außerdem fehlt vielen Einkaufsabteilungen Erfahrung beim Einkauf von Dienstleistungen. Tragen Prozessketten nicht oder nur unwesentlich zur Wertschöpfung im Kerngeschäft bei, fällt es allerdings leichter, komplette Prozesse auf einen Dienstleister zu verlagern. Das C-Teile-Management ist einer dieser Aufgabenbereiche. Externe Dienstleister, die über die notwendige Beschaffungskompetenz verfügen, die moderne Informationstechnologien einsetzen und Erfahrung im Managen von Prozessen haben, sind in der Lage, bei der Reorganisation und Optimierung von solchen Beschaffungsprozessen erfolgreich mitzuwirken.[59]

---

[57] Homburg, Christian und Garbe, Bernd, Das Management industrieller Dienstleistungen – Problemfelder und Erfolgsfaktoren, Koblenz 1995
[58] Hempe, S., Grundlagen des Dienstleistungsmanagements und ihre strategischen Implikationen, Bayreuth 1997
[59] Küchler, Gunther, Outsourcing oder Co-Sourcing, in: Beschaffung aktuell 11/1997, S. 53ff.

Wie kann ein Outsourcing-Projekt aussehen?

Zunächst werden die formulierten Ziele und die festgelegten Strategien die erste Grundlage für die Partnerwahl sein, die zweite ist das Pflichtenheft.[60] Das Projekt muss definiert werden, es muss festgehalten werden, was das Unternehmen will. Die im Folgenden beschriebenen Phasen eines Outsourcing-Projektes werden bei allen Projekten durchlaufen, wobei einzelne Phasen durchaus übergangen werden, andere intensiver oder oberflächlicher abgearbeitet werden können.

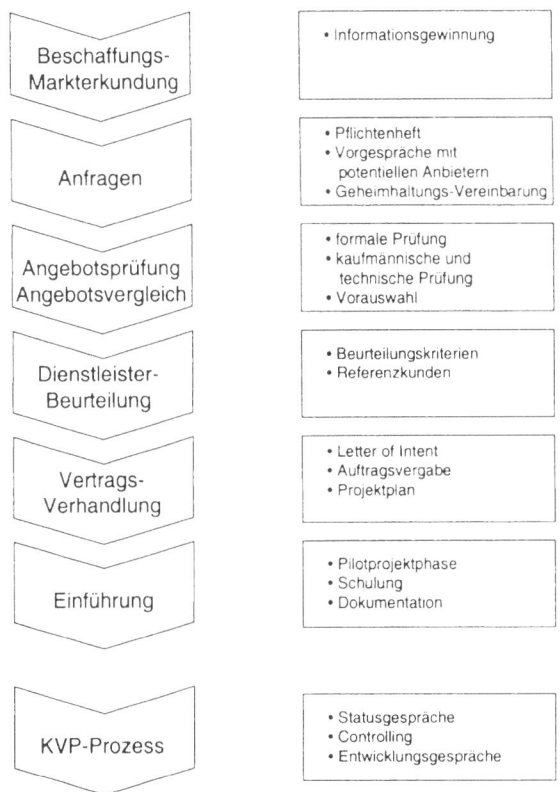

Abbildung 40: Phasen eines Outsourcingprojektes

---

[60] Köhler-Frost, Wilfried, Evaluierung und Auswahl des problemgerechten Outsourcing-Partners, in: Wisskirchen, Outsourcingprojekte erfolgreich realisieren, Stuttgart 1999

4.6.1 Beschaffungs-Markterkundung

Der Markt für Beschaffungs-Dienstleistungen ist relativ jung, allerdings kann gerade wegen der Attraktivität dieses Sektors mit enormen Wachstumsraten gerechnet werden. Da Dienstleistungen im Bereich der Beschaffung sehr oft einen kundenspezifischen Charakter haben, kann die Beschaffungs-Marktforschung, d.h. die Suche nach geeigneten Dienstleistungspartnern, recht schwierig werden. Viele Anbieter von Dienstleistungen haben sich auf eine große Bandbreite an Bedarfen potentieller Kunden eingestellt und zeichnen sich dadurch aus, dass sie recht flexibel auf Kundenwünsche eingehen können.

In der Phase der Beschaffungs-Marktforschung ist es für ein Unternehmen wichtig, soviel Informationen wie möglich über den Markt und seine potentiellen Anbieter zu sammeln. Die Dynamik des Marktes macht die Aufgabe nicht gerade einfach. Wer glaubt, ein Blick in ein „Wer-liefert-Was" reiche aus, wird schnell eines besseren belehrt.

Trotzdem hat der findige Einkäufer viele Möglichkeiten an aussagefähige Informationen zu gelangen. Wichtigste Medien sind Fachzeitschriften und das Internet. Die Informationen in „Beschaffung aktuell"[61] und Internet-Recherchen mittels Suchmaschinen sind wohl derzeit die am ehesten Erfolg versprechenden Wege.

Auf der Ausstellung, die parallel zum BME-Symposium stattfindet, sind viele Dienstleister anwesend, auf Messen wie der CEBIT sind eher die IT-Experten der Unternehmen zu Besuch, der Einkauf selbst hat dort relativ wenige Kontaktmöglichkeiten und ist zunächst auf die Unterlagen der IT-Abteilung angewiesen. Wesentliche Quellen sind aber auch Kontakte zu und der Informationsaustausch unter Kollegen.

Eine wichtige Quelle für erste Informationen sind die Leistungsverzeichnisse der Dienstleister, sofern es diese gibt. Viele Dienstleister hinken allerdings mit Ihren Unterlagen den tatsächlich erbringbaren Leistungen oft weit hinterher.

Die schon zitierte Befragung (S. 60) von über 200 Einkaufsverantwortlichen zeigt, wie Unternehmen an Informationen über Dienstleister gelangen (Abb. 41).

---

[61] Beschaffung aktuell: Zeitschrift des Bundesverbandes Einkauf, Materialwirtschaft und Logistik (BME), Frankfurt

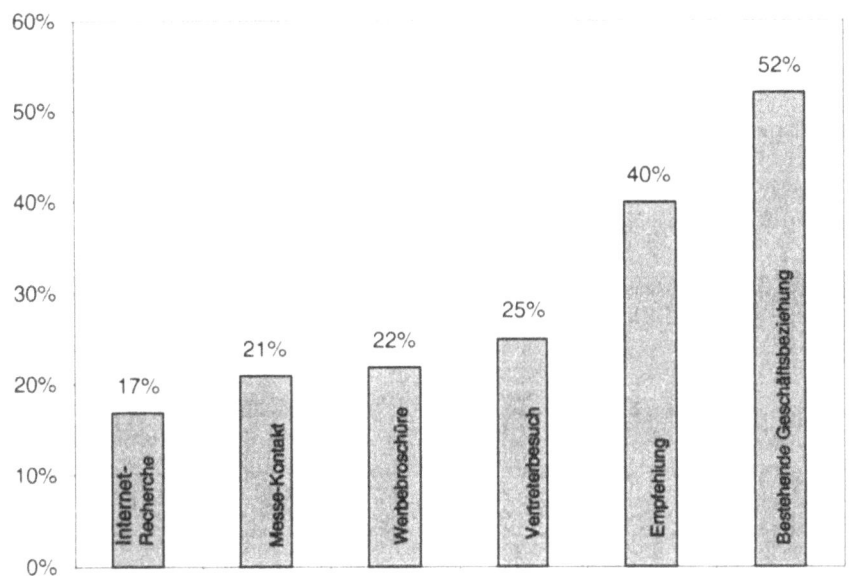

Abbildung 41: Quellen der Informationsbeschaffung

4.6.2 Pflichtenheft

Zur späteren Abstimmung der Anforderungen an das Outsourcing-Projekt bzw. dessen Umfang im Projektteam, macht es Sinn, ein neutral formuliertes Pflichtenheft (Sollprofil) zu erstellen. Ein wesentliches Ziel ist es, später im Entscheidungsprozess möglichst gut miteinander vergleichbare Angebote zu erhalten. Für die Erstellung des Pflichtenheftes bietet sich die Bildung eines internen „Expertenteams" an. In Zusammenarbeit mit Vertretern aus Datenverarbeitung, Finanzwesen, Controlling und Logistik wird so zu einem sehr frühen Zeitpunkt eines Projektes fachspezifisches Wissen ausgetauscht, werden spätere Schnittstellenprobleme vielleicht schon im Vorfeld vermieden. Je nach Projektinhalt macht es Sinn die Instandhaltungsabteilung ins Projektteam einzubinden. Insbesondere bei Projekten die „sonstige Beschaffungsobjekte" umfassen muss der Betriebsrat integriert werden, weil Teilbetriebsübernahmen wahrscheinlich sind. Pflichtenhefte in der Form von Checklisten haben sich bewährt.

In einem Pflichtenheft sollten folgende Festlegungen enthalten sein:

- Eine möglichst präzise Beschreibung der vom Dienstleister zu erbringenden Leistung. Handelt es sich um eine standardisierte oder individualisierte Dienstleistung? Wird ein gesamter Prozess übernommen oder Prozessschritte? Wird eine DV-Schnittstelle benötigt?
- Welche gewünschten Zuverlässigkeitsforderungen an die zu erbringende Leistung bestehen?
- Welche Qualität wird erwartet?
- Wie weit geht die Dokumentation des Leistungsumfanges?
- Wer schult die eigenen Mitarbeiter?
- Werden moderne Technologien in ausreichendem Umfang berücksichtigt?

In einem Pflichtenheft können aber auch folgende Fragestellungen des Unternehmens zu Vorstellungen über den idealen Partners, zu speziellen Anforderungen an den Leistungserbringer stehen, wie:[62]

- Erwartete fachliche Kompetenz
- Überzeugendes Beschaffungskonzept
- Hinreichende Kapitalausstattung
- Poolungs- und Bündelungsfähigkeit
- Flexibilität und hoher Servicelevel
- Leistungsfähiges Personal
- Leistungsfähige Organisation
- Annehmbares Preis-Leistungsverhältnis

Je detaillierter die Leistungsbeschreibung ist, desto einfacher gestalten sich später Angebotsvergleich und Auftragsverhandlung, desto einfacher ist in der Realisierungsphase die Fortschrittskontrolle.

Oft ist es allerdings gerade im Dienstleistungssektor sinnvoll, möglichst wenig bindende Spezifikationen vorzugeben, insbesondere dann, wenn zur erwarteten Dienstleistung und deren konkreten Ausprägung nur wenige Detailkenntnisse vorhanden sind. Dann kann aber immerhin das erwartete Ergebnis klar formuliert werden. In einem solchen Fall werden die eingehenden Angebote schwerer miteinander zu vergleichen sein.

Bei der Formulierung des Pflichtenheftes ist weiter zu beachten, dass folgende Schwierigkeiten entstehen können:

---

[62] Fieten, Robert, Eine alte Frage wird neu aufgeworfen, in: Beschaffung aktuell 04/1996, S. 28-30

- Es werden zu hohe Flexibilitätsanforderungen an den Dienstleister formuliert.
- Es ist zu beachten, dass die Kosten für die Dienstleistung überproportional mit dem geforderten Servicegrad steigen.
- Die erwarteten Leistungen werden ungenau formuliert, die Bandbreite der Angebotspreise wird dann sehr groß werden.
- Die zu erbringenden Leistungen werden sehr stark eingegrenzt, das reduziert möglicherweise die Anzahl potentieller Partner in einer frühen Phase.

In jedem Fall ist ein möglichst umfassendes Pflichtenheft mit einer klaren Beschreibung des Anforderungsprofils eine wichtige Hilfestellung für die Vorselektion möglicher Partner.

4.6.3 Erste Gespräche bzw. Kontakte mit potentiellen Anbietern

Es macht durchaus Sinn, mit potentiellen Partnern im Rahmen der Pflichtenhefterstellung unverbindlich zu sprechen, um eventuell tiefergehende Informationen zu möglichen Leistungsumfängen zu erhalten. Dies kann sogar in der Form geschehen, dass „interessante" Dienstleister zur Abgabe grober Angebotskonzepte auffordert werden. Allerdings ist bei der Übernahme von Leistungselementen solcher Angebote ins Pflichtenheft darauf achten, dass keine Kriterien/Anforderungen definiert werden, die den Kreis der Anbieter einschränken.

4.6.4 Anfragen

Ist das Pflichtenheft verabschiedet, können die Anfragen an alle potentiell in Frage kommenden Dienstleister verschickt werden. Die Adressaten werden in der Anfrage aufgefordert, für alle Punkte der Leistungsbeschreibung Angebotspreise abzugeben. Besteht für den Leistungsumfang während der Angebotsphase Korrektur-, Erweiterungs- oder Detaillierungs-Bedarf, muss darauf geachtet werden, dass alle potentiellen Anbieter gleichlautend über Änderungen informiert werden.

Welche Informationen gehören in eine Anfrage?

- Projektbeschreibung mit Ausgangslage und Aufgabenstellung
- Leistungsinhalte und Abläufe (Pflichtenheft)
- Grobes Terminraster
- Anforderungen zur Preisgestaltung
- Leistungsverzeichnis mit dem erwarteten Mengengerüst
- Abfrage von Anbieterinformationen
- Gewährleistungsanspruch an den Anbieter

4.6.5 Geheimhaltungsvereinbarung

Vor der Übergabe interner Unterlagen, wie Lieferantenstrukturen, von Mengengerüsten oder bestehenden Preisgefügen, sollte eine Geheimhaltungsvereinbarung unterzeichnet werden.

Vertraulichkeitserklärung

zwischen

Unternehmen-Name und Adresse

und

Dienstleister-Name und Adresse

Die *Unternehmens-Name und Ort* und die *Dienstleister-Name und Ort*, verpflichten sich gegenseitig, die im Rahmen von Analysen und in Fortführung einer evtl. permanenten Geschäftsbeziehung erworbenen Kenntnisse gleich welcher Art Dritten gegenüber nicht zugängig zu machen, sei dies in schriftlicher, mündlicher, EDV-mäßiger oder visueller Form.

Hieran halten sich die Beteiligten gebunden bis zu einem Jahr nach evtl. Auslauf der praktizierten Geschäftsbeziehung. Mit Unterzeichnung tritt die Verpflichtung in Kraft.

Unternehmens-Name   **Dienstleister-Name**
Ort, Datum   *Ort, Datum*

Unterschrift (en)   *Unterschrift (en)*

Abbildung 42: Geheimhaltungsvereinbarung

4.6.6 Angebotsprüfung und Angebotsvergleich

Auf der Basis des Pflichtenheftes werden die potentiellen Dienstleistungspartner ihre Angebote erstellen. Darin werden folgende Punkte aufgeführt sein:

- Bezugnahme auf das Pflichtenheft und Eingrenzung des Projektumfanges
- Vorschlag für Zusammenarbeitsregeln
- Konzept eines Projektplanes mit Terminrahmen und Meilensteinformulierung
- Beschreibung der Leistung
- Preis und Zahlungsmodalitäten[63]

Die Übereinstimmung der eingehenden Angebote mit den Anfragen wird systematisch überprüft, Abweichungen werden sofort reklamiert oder zumindest in der Angebotsübersicht festgehalten. Gegebenenfalls werden die Informationen neu zusammengestellt. Es wird versucht, alle Angebote miteinander vergleichbar zu machen.

Beim Angebotspreis werden oft nur pauschale Beträge angeboten. In diesen Fällen sollte der Einkauf auf eine Aufschlüsselung der Preise auf die einzelnen Komponenten des Leistungsverzeichnisses bestehen. Diese Aufgliederung der Kostenstruktur führt zu einem Knowhow-Transfer vom Dienstleister zum Einkäufer, spätere Verhandlungen können von diesem sicherer und kompetenter geführt werden. Außerdem können unwirtschaftliche Leistungen leichter identifiziert werden. Die größere Transparenz sollte allerdings nicht zu Nachteilen des Anbieters bei den anschließenden Verhandlungen führen.

Bei der Ermittlung des günstigsten Angebots spielen natürlich nicht nur materielle Aspekte wie Preis und Leistung eine Rolle, sondern auch eventuell realisierbare Besonderheiten, die nicht Gegenstand der eigentlichen Anfrage waren. So könnte beispielsweise die angewandte Methodik, wie Preisreduzierungen ermittelt und dargestellt werden, interessant sein und sich von den Ansätzen der Wettbewerber unterscheiden.

Daneben sind es die sogenannten weichen Faktoren, die in die Entscheidung mit einbezogen werden müssen: Stimmt die Chemie zwischen beiden Partnern? Passen die Partner zueinander? Sprechen die Partner dieselbe Sprache? Dies sind Kriterien, die eine ebenso große Bedeutung für eine Entscheidung haben wie die harten Faktoren.

---

[63] Kastreuz, Gerhard, Management von Qualität und Zuverlässigkeit im Einkauf, Wiesbaden 1994

4.6.7 Beurteilung von Dienstleistungsunternehmen

Parallel zur Angebotseinholung, spätestens aber vor einer endgültigen Entscheidung für einen Partner muss eine Beurteilung der möglichen Dienstleistungspartner erfolgen. Der Aufwand einer detaillierten Beurteilung sollte auf wenige in die engere Auswahl kommende Dienstleister beschränkt werden.

In den Beurteilungsprozess sollten Personen aus allen betroffenen Fachbereichen eingebunden werden. Das Team hat zu Beginn des Projektes gemeinsam das Pflichtenheft erstellt, dasselbe Team sollte jetzt den Kriterienkatalog für die Lieferantenbeurteilung erstellen und dann die Bewertung ebenfalls im Team vornehmen.

Im Rahmen dieser Beurteilung müssen aussagekräftige Anforderungskriterien definiert werden, die helfen, die Leistungsfähigkeit des Dienstleisters umfassend und objektiv zu bewerten.[64] Dabei ist eine Schwierigkeit, die richtigen Kriterien festzulegen. Im Rahmen der Lieferantenauswahl sind hauptsächlich beschaffungspolitische Kriterien von Bedeutung. Die Zahl der Kriterien sollte nicht über ein überschaubares Maß hinausgehen, damit eine inhaltliche Abgrenzung untereinander möglich ist.

Wichtig ist auch eine sinnvolle Gewichtung der Kriterien untereinander. Je klarer die Anforderungen im Pflichtenheft formuliert sind, desto besser ist die Erfüllung der einzelnen Kriterien bewertbar.

4.6.7.1 Kriterien zur Beurteilung von Dienstleistungsunternehmen

Welche Beurteilungskriterien sind für den objektiven Vergleich der Dienstleister von Bedeutung?

- Qualität

Die Qualität ist bei der Beurteilung von Dienstleistern wohl das wichtigste Beurteilungskriterium. Allerdings ist es bei Dienstleistungen wesentlich schwieriger als bei körperlich greifbaren Produkten, Qualität zu definieren. Der Grund ist, dass Dienstleistungen meistens keiner visuellen Qualitätsprüfung unterzogen werden können. Das Deutsche Institut für Normung (DIN) definiert: „Dienstleistungsqualität ist die Gesamtheit von Eigenschaften und Merkmalen einer Dienstleistung, die sich auf deren Eignung und Erfüllung festgelegter und vorausgesetzter Erfordernisse beziehen."[65]

---

[64] Hartmann, Horst, Lieferantenbewertung, aber wie?, Gernsbach 1997
[65] Güthoff, J., Dienstleistungsqualität als strategischer Wettbewerbsvorteil, in: Wirtschaftswissenschaftliches Studium, 12/1998, S. 610-615

Die Dienstleistungsqualität kann zunächst in drei Dimensionen zerlegt werden:

Die erste Dimension liegt im Potential des Unternehmens, also in den im Zeitablauf stabilen Voraussetzungen für eine Leistung von bestimmter Qualität und zeigt sich z.B. in den technischen Einrichtungen des Dienstleisters oder in der Beratungskompetenz der Ansprechpartner. Die Prozessqualität als zweite Qualitätskomponente ist im voraus schwer zu beurteilen und zeigt sich erst konkret in der Phase der Leistungserbringung beispielsweise in der Erreichbarkeit des Dienstleisteres, in Reaktionszeiten, im Vorgehen bei der Fehlersuche, im Vorgehen bei der Problemlösung. Schließlich zeigt die Ergebnisqualität den Grad der Zielerreichung, ist also ein wesentliches Merkmal für die Beurteilung der erbrachten Leistung.[66]

Das Qualitätsurteil reduziert sich also nicht nur auf das reine Ergebnis der Dienstleistung, sondern muss auch Potential- und Prozessqualität mit einbeziehen.

Im Rahmen der Beurteilung eines potentiellen Dienstleisters im Vorfeld einer zukünftigen Zusammenarbeit kann allerdings nur die Qualitätsfähigkeit, also das Potential des Dienstleisters beurteilt werden. Es sei denn, es liegen Informationen von Referenzkunden vor. Diese sind aber mit Vorsicht zu behandeln, weil in der Regel von Lieferanten im Vorfeld einer sich anbahnenden Geschäftsbeziehung eher nur gute Referenzen benannt werden. Ein Problem bleibt: Es gibt keine Möglichkeit, die Qualität bei einer Beurteilung in absolut konkrete Zahlen zu fassen.

- Flexibilität

Die Flexibilität ist zu messen an der reibungslosen und schnellen Anpassungsfähigkeit an neue Abläufe oder neue Aufgaben und an der Bereitschaft zur Durchführung von Sonderaktivitäten. Die Flexibilität ist wie die Qualität als Beurteilungskriterium von großer Bedeutung, aber ebenfalls schwer messbar und deswegen subjektiv zu bewerten. Auch hier sind im Vorfeld einer neuen Geschäftsbeziehung Referenzen hilfreich. Da Dienstleister meist mit mehreren Partnern zusammenarbeiten, müssen sie sich auch auf mehrere verschiedene Prozessabläufe einstellen, die alle ganzheitlich optimiert werden müssen.

---

[66] Garbe, Bernd, Industrielle Dienstleistungen, Wiesbaden 1998

- Innovationspotential

Das Innovationspotential eines Unternehmens ist ein ebenfalls ein nicht quantifizierbares Kriterium und nur subjektiv einzuschätzen. Dennoch ist es nicht uninteressant, ob der zu beurteilende Dienstleister neue Konzepte selbst entwickelt und realisiert, also als Innovationsführer am Markt auftritt oder ob das Unternehmen lediglich Konzepte anderer kopiert. Dieses Kreativitätspotential kann dem Unternehmen in einer späteren Phase der Zusammenarbeit vielleicht von Nutzen sein, zu gemeinsamen Wettbewerbsvorteilen führen.

- Wirtschaftliche Ressourcen

Von nicht geringer Bedeutung bei der Auswahl eines Dienstleisters ist dessen wirtschaftliches Potential. Steht die Kapitalausstattung in einem vernünftigen Verhältnis zur Geschäftstätigkeit? Wie sind die Kapitalverhältnisse? Wie sind Umsatz- und Gewinnentwicklung der vergangenen Jahre? Ist die Kunden- und Lieferantenstruktur so, dass eine längerfristige Existenz des Dienstleisters zu erwarten ist? Bestehen einseitige Abhängigkeiten zu anderen Kunden? Welches Gewicht wird das eigene Unternehmen haben? Diese Kriterien sind bei ausreichender Informationsbereitschaft des Dienstleisters recht gut quantifizierbar.

- Technische Ressourcen

Bei der Beurteilung technischer Ressourcen geht es in erster Linie um das Potential bei der Informationsverarbeitung. Dabei sind Fragen von Interesse wie: Wie ist die Betriebsausstattung mit IT-Ressourcen? Kann der Dienstleister Informationen unterschiedlicher Informationssysteme problemlos verarbeiten/verdichten? Wie findet die Anbindung an bestehende Systeme statt?

- Preis der Dienstleistung und einhergehende Kosten

Der Preis ist natürlich auch ein sehr wesentliches Beurteilungskriterium. Dabei ist beispielsweise wichtig, wie die in Anspruch genommenen Dienstleistungen bezahlt werden: Nach Stunden? Nach Transaktionen? Nach wiederaufgefüllten Behältern? Diese Frage sollte bereits im Pflichtenheft festgehalten sein.

Neben dem Preis der Dienstleistung selbst müssen auch alle im Zusammenhang mit der Auftragsvergabe entstehenden Kosten berücksichtigt werden. Dies sind die Kosten für Auftragsabwicklung und Informationsaustausch, die Kontrollkosten und die Kosten, die mit der Umstrukturierung der Prozesse anfallen.[67]

Zusätzlich zu diesen Kriterien gibt es bei jedem Outsourcing-Projekt Anforderungen, die gerade für den jeweiligen konkreten Fall von großer Bedeutung sind.

---

[67] Kleer, Michael, Gestaltung von Kooperationen zwischen Hersteller und Logistikunternehmen, Berlin 1991

Deshalb empfiehlt es sich, bei der Beurteilung von Dienstleistungsunternehmen einen auf die jeweilige Situation bezogenen Beurteilungskatalog aufzustellen.

4.6.7.2 Verfahren der Dienstleisterbeurteilung

Zur Beurteilung von Lieferanten sind eine Vielzahl von Verfahren im Einsatz, allerdings meist nur mit hohem Zeitaufwand einsetzbar. Allgemein eignen sich Punktbewertungsverfahren zur systematischen Beurteilung von Lieferanten recht gut, weil neben dem reinen Punktwert durch dessen Gewichtung weiter differenziert wird. Ein weiteres Beispiel für eine Beurteilung in Teil 1 – Projekt PuLS.

Punktbewertungsverfahren

Kriterium	Gewicht	Dienstleister A		Dienstleister B		Dienstleister C		Dienstleister D	
		Punkte	gewichtete Punktzahl	Punkte	gewichtete Punktzahl	Punkte	gewichtete Punktzahl	Punkte	gewichtete Punktzahl
Qualität	0,15	7	1,05	8	1,20	9	1,35	8	1,20
Flexibilität	0,20	6	1,20	7	1,40	8	1,60	9	1,80
Innovationspotential	0,10	6	0,60	9	0,90	9	0,90	7	0,70
Wirtsch. Ressourcen	0,20	7	1,40	7	1,40	10	2,00	8	1,60
Techn. Ressourcen	0,10	10	1,00	7	0,70	9	0,90	7	0,70
Preis	0,25	10	2,50	10	2,50	7	1,75	9	2,25
Gesamtpunktzahl	1,00		7,75		8,10		8,50		8,25

Abbildung 43: Beispiel für eine Lieferantenbeurteilung (Punktbewertungsverfahren)

Beim Punktbewertungsverfahren müssen zunächst die Beurteilungskriterien ermittelt werden. Nachdem diese festgelegt sind, muss für jedes einzelne Kriterium definiert werden, wann die Ausprägung eines Kriteriums gut oder schlecht ist. Diese Bewertungsmaßstäbe, die auf subjektiven Einschätzungen beruhen, müssen so beschrieben werden, dass jeder Beurteiler bei gleichem Sachverhalt zu gleichen Ergebnissen kommt.[68] Sinnvoll ist es den Maßstab von 10 Punkte = „Kri-

---

[68] Muschinski, Willi, Lieferantenbewertung, in: Strub, Manfred (Hrsg.), Das große Handbuch Einkaufs- und Beschaffungsmanagement, Landsberg 1998

terium sehr gut erfüllt" bis 0 Punkte = „Kriterium absolut nicht erfüllt" zu definieren. Im nächsten Schritt werden die Kriterien untereinander entsprechend der jeweiligen Bedeutung mit einem Gewichtungsfaktor von 0,0 bis 1,0 multipliziert. Die Summe aller gewichteten Kriterienwerte gibt dann den Gesamtwert des Lieferanten.[69] Die Gesamtwerte aller beurteilten Lieferanten führen zu einer Rangreihe der Dienstleister. Der Dienstleister C mit der höchsten Gesamtpunktzahl erfüllt den Kriterienkatalog im folgenden Beispiel am besten.

Die Bedeutung einer möglichst objektiven Lieferantenbeurteilung unter Verwendung geeigneter Beurteilungskriterien ist unbestritten. Die Bewertung von Dienstleistungen ist schwer und kann nur eine Entscheidungshilfe sein.

4.6.8 Referenzkunden

Nach Vorlage verschiedener Angebote und zur Unterstützung des Lieferantenbeurteilungsprozesses sollten von den im Auswahlprozess stehenden Unternehmen Referenzkunden benannt werden, mit denen die Unternehmen bereits in Geschäftsverbindungen stehen. Es macht Sinn, sich bei einigen Referenzkunden vor Ort im persönlichen Gespräch und durch Besichtigung des Prozesses einen eigenen Eindruck zu verschaffen, obwohl es sich bei Dienstleistungen meist um reine Bürotätigkeiten handelt, die allerdings teilweise auch in den Räumen des Kunden erbracht werden.

4.6.9 Vorauswahl

Sind Angebotsvergleich, Lieferantenbeurteilung und Referenzgespräche beendet und noch keine endgültige Entscheidung gefallen, sollten die verbliebenen Dienstleister zu einer mündliche Angebotspräsentation eingeladen werden. Oft werden zu diesen Gesprächen weitere Entscheidungsträger des Unternehmens eingeladen. Das Ziel dieser Präsentationen ist die Reduzierung von wenigen Anbietern auf einen, mit dem dann die Vertragsverhandlungen aufgenommen werden.

4.6.10 Vertragsverhandlung

Der Vertrag mit einem Dienstleister kann aufgrund der Verschiedenartigkeit von Dienstleistungen sehr vielfältig in der Gestaltung sein. Da die Dienstleistung meistens nicht standardisiert ist, sondern es sich eher um eine individualisierte, auf das Problem bezogene Aufgabenstellung handelt, sollte ein auf die spezifi-

---

[69] Reinelt, Günther R., Vergabeentscheidung, in: Strub, Manfred (Hrsg.), Das große Handbuch Einkaufs- und Beschaffungsmanagement, Landsberg 1998

schen Belange des Unternehmens eingehender Vertrag vereinbart werden. Der Vertrag muss auch berücksichtigen, dass Märkte eine gewisse Dynamik aufweisen, der nötige Spielraum für Anpassungen und Veränderungen darf nicht eingeschränkt werden. Es empfiehlt sich, zur Erarbeitung der endgültigen Version einen Juristen zu Rate zu ziehen.

Grundsätzlich soll der Vertrag einen reibungslosen Ablauf der Prozesse erleichtern, damit Probleme, die plötzlich und unvorhergesehen auftreten, überbrückt werden können. Die Beständigkeit in der Lieferantenbeziehung ist bei der Zusammenarbeit mit einem Dienstleister besonders wichtig. Wichtig ist auch, dass die Vertragspartner ihre Verantwortlichkeitsbereiche genau definieren. Die zu erbringende Leistung, die Rechte und die Pflichten beider Partner müssen deshalb möglichst exakt formuliert sein.

In einem Vertrag können folgende Punkte festgehalten sein:

- Vertragsgegenstand
- Leistungsumfang, eventuell das Pflichtenheft
- Durchführung der Dienstleistung, Zeitraster, Reaktionszeiten
- Änderungen des Leistungsumfangs
- Mitwirkung des Kunden
- Übergabe von Unterlagen, eventuell von Personal
- Einsatz eines Projektmanagements
- Einschaltung von Subunternehmern
- Datenschutz
- Geheimhaltung
- Zusammenarbeit der Vertragspartner
- Vergütung, Abrechnung
- Vorgehen bei Leistungsstörungen
- Haftungsfragen, wie ist die Haftung des Dienstleisters gegenüber dem Auftraggeber und eventuellen Dritten
- Haftungsbegrenzungen
- Vertragsdauer und -Beendigung
- Zusammenarbeit bei Vertragskündigung und -beendigung

Die Offenlegung der Kosten erleichtert die Vereinbarung eines fairen Preises für die Dienstleistung, insbesondere für die Zeit nach der Anlaufphase. Kostentransparenz ergibt sich oft schon aus der gemeinsamen Prozessgestaltung. Wichtig sind ebenso Regelungen, wie der Dienstleister umfassend ins Unternehmen integriert werden kann und insbesondere ausreichend mit Informationen versorgt werden kann.

4.6.11 Letter of Intent

Wenn sich Vertragsverhandlungen zu lange hinziehen, das Projekt aber schnell starten soll, macht es Sinn, die wesentlichen Punkte der Zusammenarbeit zwischen Unternehmen und Dienstleister in einem Letter of Intent zu beschrieben (vgl. PuLS). Details der Zusammenarbeit fehlen allerdings meistens in diesem Dokument.

4.6.12 Auftragsvergabe

Ist der Auftrag erteilt, der Vertrag unterschrieben, endet die Arbeit des Einkaufs normalerweise nicht. Entweder übernimmt der Einkauf die Projektleitung oder ist im Kernteam des Projekts tätig. In jedem Fall wird er anhand des Projektplans die Aktivitäten in der Umsetzung verfolgen.

4.6.13 Einführung

Im Projektplan sind die Teilschritte aller Projektphasen festgelegt, die Ziele, die Ressourcen, die notwendigen Vorarbeiten, die Arbeitsmethoden und die Erfolgskriterien. Diese Kontrollmöglichkeiten im Projektplan erleichtern es, Verzögerungen und Probleme im Projekt schnell zu erkennen und diesen schnell entgegenzuwirken.

Im Rahmen der Einführung müssen auch die begleitenden Prozesse angepasst werden. Es müssen optimale Voraussetzungen zur erfolgreichen Durchführung des Projektes geschaffen werden, dies insbesondere im Informations- und Kommunikationsbereich. Die IT-Verantwortlichen müssen von Beginn an in das Projekt mit einbezogen werden.

In vielen Projekten macht es Sinn, mit einem Teilumfang zu starten, um Tests zu machen. Sei es mit einem Pilot-Teilespektrum oder mit einer bestimmten Personengruppe (z.B. die Werksunterhaltung, Montage, Sekretariate). Eventuelle Schwachstellen der Lösung können einfacher und kostengünstiger behoben werden.

4.6.14 Controlling

Wie bei jeder Lieferbeziehung muss auch bei Dienstleistern kontinuierlich überprüft werden, ob die Vereinbarungen eingehalten werden. Dazu eignet sich die Verwendung eines Kennzahlensystems. Die Preisreduzierungserfolge können anhand eines aktiven Warenkorbes überprüft werden (siehe 4.2.3.2).

4.6.15 Kontinuierlicher Verbesserungsprozess

Die Integrationsbemühungen dürfen mit Aufnahme der Geschäftsbeziehung im Echtbetrieb nicht als beendet gesehen werden sondern müssen kontinuierlich an neue Situationen und Anforderungen angepasst werden. Dabei sind Fragestellungen wie

- Welche Prozesse kann der Dienstleister zusätzlich übernehmen oder anstoßen?
- Welche Preisreduzierungen sind in welchen Segmenten noch möglich?
- Wo kann der Verbrauch von Material weiter gesenkt werden?
- Welchen Einfluss kann der Dienstleister auf die Markenauswahl nehmen?
- Wie kann die Standardisierung vorangetrieben werden?

Mit Dienstleistern muss mehr kommuniziert werden als mit Teilelieferanten. Deshalb sind entsprechende revolvierend stattfindenden Status- und Weiterentwicklungsgespräche durchzuführen.

5 Resumee

Der Trend hin zum Einsatz von Dienstleistern im C-Teile-Beschaffungs-Bereich wird anhalten. Die Beschaffung von Norm- und Katalogmaterialien über Externe wird in einigen Jahren selbstverständlich sein. Mit den Möglichkeiten des Electronic Procurements sind wesentliche Voraussetzungen dafür gegeben. Inwieweit auch der „gläserne Handel" Wirklichkeit wird, bleibt abzuwarten. Mit sortimentsbezogenen Belieferungssystemen können Kostenvorteile erzielt werden, allerdings sind bei einem sortimentsübergreifenden Ansatz die Einsparpotential noch größer.

Derzeit haben deutsche Großunternehmen durchschnittlich 1.835 aktive Lieferanten, die Anzahl der Lieferantenpartnerschaften wird mit 35 im Durchschnitt angegeben.[70] Dieser Zustand kann sich mit der partnerschaftlichen Zusammenarbeit mit A-Prozess-Dienstleistern, die die Aufgaben der C-Teile-Lieferanten wahrnehmen, wesentlich, vielleicht sogar dramatisch verändern. Der Trend zur weiteren Modularisierung der Zuliefererkette ist nicht aufzuhalten, auch auf den von Dienstleistern abgewickelten Stufen. Die Belieferung mit einer C-Teilegruppe

---

[70] Arnold, Ulli, Orientierungen auf dem Weg zum modernen Supply Chain Management, in: Beschaffung aktuell 08/2000, S. 42ff.

wird am Ende der Reorganisations-Prozesse idealerweise nur von einem Haupt-, besser von einem „System"-Lieferanten erfolgen.[71]

Ein Lösungsansatz könnte sein, A-Prozesse zu definieren, in denen die Dienstleistungspartner wiederum mit verschiedenen Partnern zur C-Teile-Abwicklung jeweils ihre spezifischen Prozessnetzwerke managen.

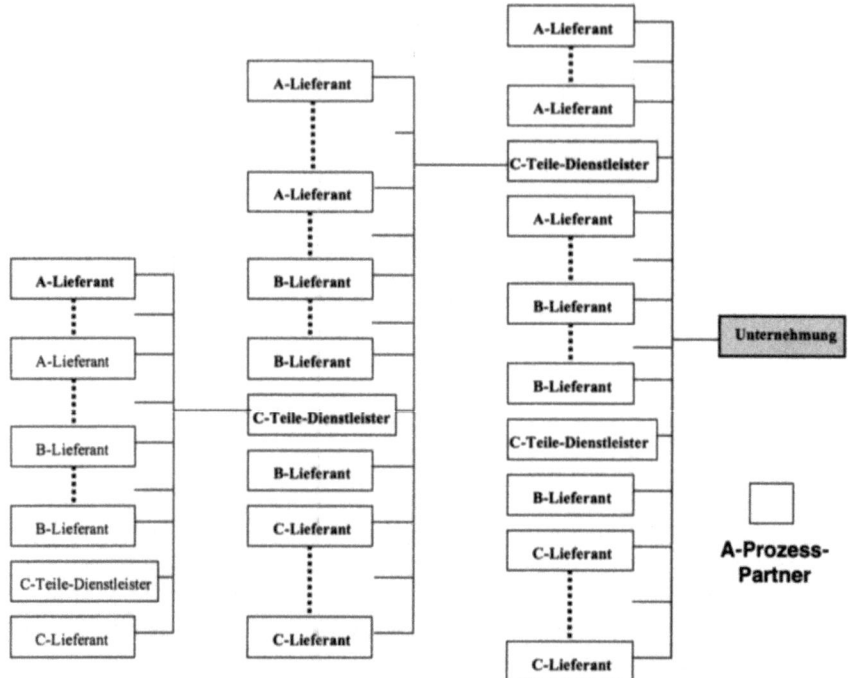

Abbildung 44: Modularisierung der C-Teile-Prozessketten

So könnte es zukünftig neben den A-Teile-Lieferpartnern auch die

- A-Prozess-Partner Kunststoff-Teile
- A-Prozess-Partner Passive Bauelemente
- A-Prozess-Partner Stanzteile
- A-Prozess-Partner Dreh- und Frästeile
- A-Prozess-Partner „sonstige Beschaffungsobjekte"

---

[71] Küchler, Gunther, Outsourcing und Co-Sourcing, in: Beschaffung aktuell 11/1997, S. 53ff.

- A-Prozess-Partner Sourcing-Teile (nicht Katalog oder Standardteile)
- A-Prozess-Partner Beschaffung Dienstleistungen
- A-Prozess-Partner Verbindungstechnik
- A-Prozess-Partner ?

geben.

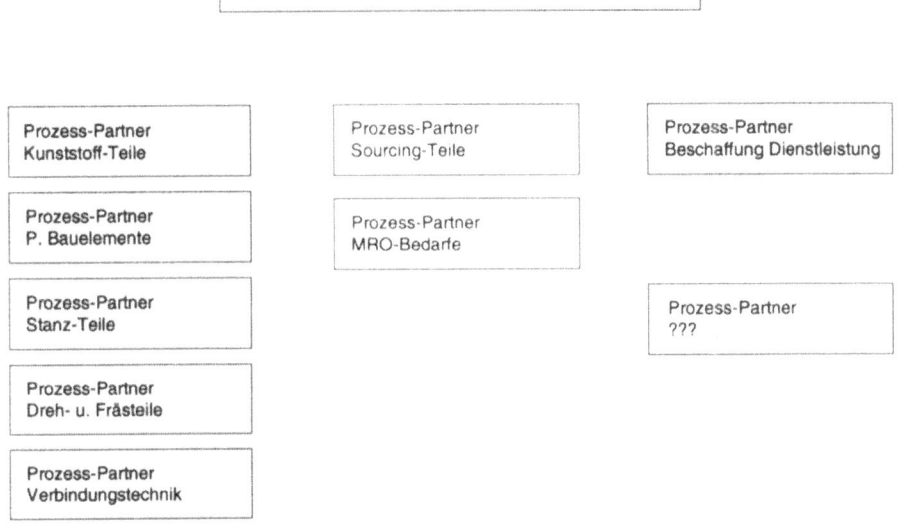

Abbildung 45: A-Prozesspartner für C-Teile

Die Entwicklung einiger Dienstleister vom reinen C-Teile-Abwickler nach Vorgabe des Unternehmens hin zu einem Problemlösungspartner, zum Systemlieferant für C-Teilespektrum X, der eigenverantwortlich Funktions- und Aufgabenumfänge übernimmt, ist keine Utopie mehr, sondern inzwischen Realität. Kompetente Dienstleister wachsen so zu unentbehrlichen Partnern heran, bieten Systemlösungen sowohl für Beschaffungsobjekte als auch für Beschaffungsprozesse. Je weniger dabei die in den Unternehmen etablierten Informationssysteme angepasst werden müssen, desto besser.

Übergeordnetes Ziel bei allen C-Teile-Management-Aktivitäten muss es jedenfalls sein, durch geeignete Maßnahmen und sinnvolle Bündelungen eine Vielzahl gleich handelbarer C-Teile in einem A-Beschaffungsprozess zusammenzufassen.

Anhang 1

Gesamtprozessdarstellung Loewe Opta

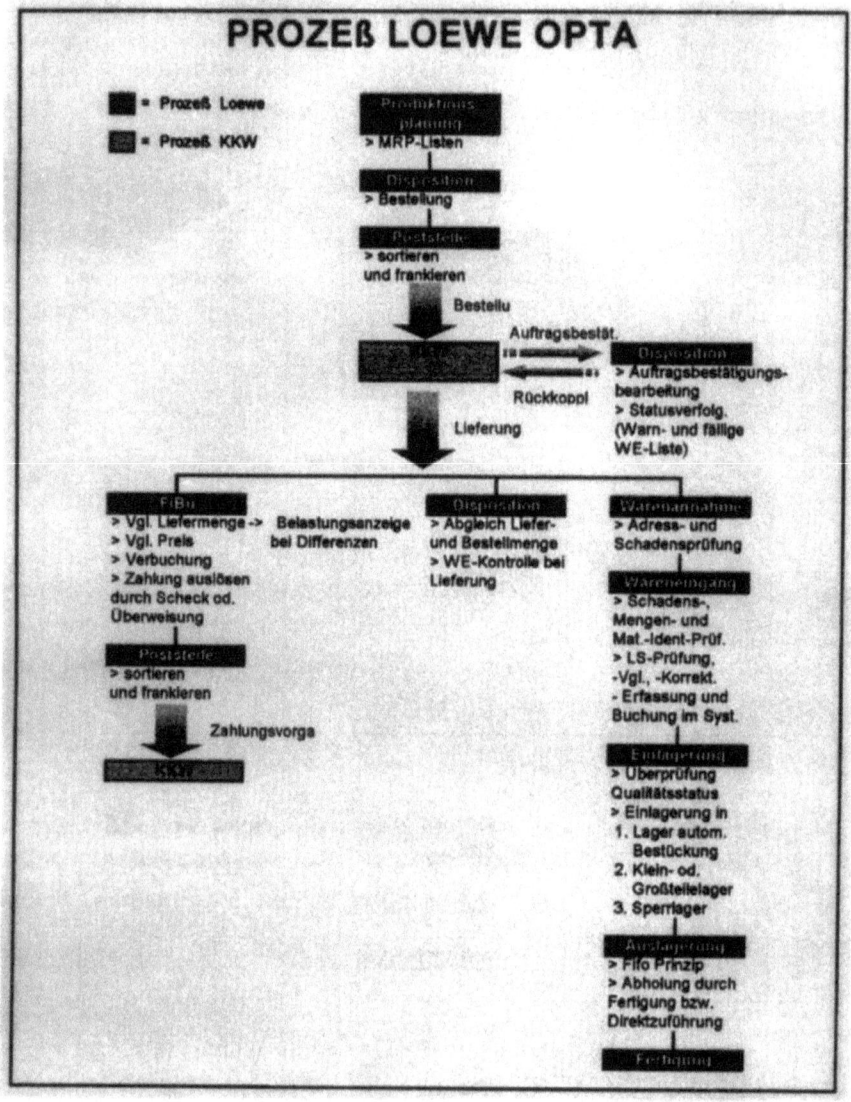

Quelle: Loewe

Anhang 2

Gesamtprozessdarstellung KKW

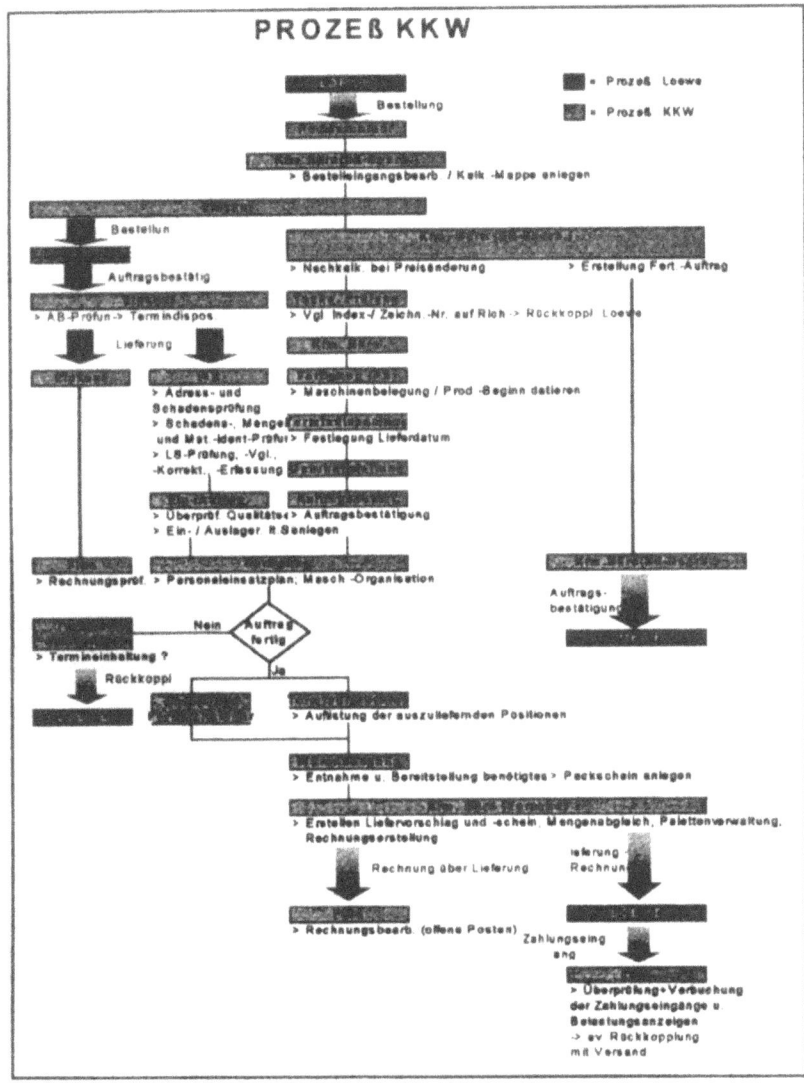

Quelle: Loewe/ KKW

Anhang 3

Ist-Prozesskosten 1997, Loewe Opta, S.1

Prozeßkostenblatt

Abteilung	:	Wareneingang, WE-Erfassung und Einlagerung (Lagerlogistik)	Loewe				
Erhebungszeitraum:		Februar	1998				

Tätigkeit			Kostentreiber (Maßgröße)	Prozeß- menge	Zeit je ME in Min.	Prozeßkost.- satz in DM	Prozeßkost. in DM p.a.
1. Überprüfung des WE	1.	Auspacken und sortieren des WE	Anz. Anlieferung	736 (4xtgl. bei 184 AT p.a.)	13	17,50	12.880
	2.	LS-Kopie an Gebinde	Anz. Anlieferung				
	3.	Schadenprüfung; ggf. bei Schaden Vermerk auf LS	Anz. Anlieferung				
	4.	Mengenprüfung; ggf. bei Mengen- differenzen Vermerk auf LS	Anz. Anlieferung				
	5.	Materialidentifikation; ggf. bei Abweichungen Vermerk auf LS und Benachrichtigung des Disponenten (Mängelbericht); falls Problem nicht gelöst, dann Rücklieferung	Anz. Anlieferung				
2. Datenerfassung durch WE- Erfassung	1.	Lieferscheindatenerfassung	LS-Position	4416 (6 x 4 tgl. bei 184 AT p.a.)	1	1,33	5.873
	2.	Vgl./Korrektur des LS mit den im System hinterlegten Daten; bei Mengenabweichungen Information des Disponenten durch LS-Kopie	LS-Position				
	3.	Einbuchung im System	LS-Position				
	5.	Erzeugung von Gebindeketten	LS-Position				
	6.	LS an Fibu nach Namenszeichn.	LS-Position				

Anhang 3

Ist-Prozesskosten 1997, Loewe Opta, S.2

Tätigkeit			Kostentreiber (Maßgröße)	Prozeß-menge	Zeit je ME in Min	Prozeßkost-satz in DM	Prozeßkost. in DM p.a.
3. Einlagerungsvorgang	1.	Auftragen der Etiketten auf Gebinde nach Prüfung der LS-Angaben mit Angaben auf Gebinde	Ladeeinheiten	4416 (6 x 4 tgl. bei 184 AT p.a.)	2	2,66	11.747
	2.	Prüfung ob Musterlieferung; ggf. bei Musterlieferung Sperrlager	Ladeeinheiten				
	3.	Prüfung Qualitätsstatus: 1. "geprüft" 2. "gesperrt" 3. "gesichtet"	Ladeeinheiten				
	4.	Einlagerung: 1. Caos-Prinzip; Einlagerung Blocklager/Kleinteilelager; falls kein Lagerplatz vorhanden entst. ev. Handlingsaufw. durch Umlag. 2. Festplatzprinz. bei autom. Best.; falls kein Lagerplatz vorhanden Rückkoppl. mit Zuständigen	Ladeeinheiten bzw. Palette	8832 (6x4x2 tgl. bei 184 AT p.a.)	3	4,00	35.328
	5.	Sannen des Gebindelabels und des Lagerplatzes	Ladeeinheiten bzw. Palette				
	6.	Einlagerung als verfügb. Bestand	Ladeeinheiten bzw. Palette				
5. Sonstige Tätigkeiten	1.	Qualitätsprüfung		184 (p.a.)	10	13,33	2.453
							49.827

Quelle: Loewe

Stichwort-Verzeichnis

ABC-Verteilung 15
Abrechnung 17, 46, 96, 116, 142
Abrufe 36
Anforderungsprofil 33, 135
Auswahlverfahren 30
Auftragabwicklungsprozess 103

Barcode 20, 38, 44f., 48ff., 98, 101
Bearbeitungszeit 19
Bedarfsermittlung 36, 39, 97
Bedarfsträger 19, 21, 27, 58, 77, 90, 109f., 115ff., 121, 123
Bedarfsverursacher 90
Behältersysteme 101
Benchmarking 92
Beschaffungskette 16
Beschaffungslogistik 21, 28, 33, 36, 41, 51, 60, 94
Beschaffungsmarkt 72
Beschaffungsprozess 16, 18, 20, 28, 33, 35, 37ff., 43, 51, 61, 65, 79, 81ff., 88, 90f., 96, 103, 107ff., 114f., 118, 126, 128
Beschaffungswert 18, 74f., 78
Bestellabwicklung 21, 90
Bestellmengenermittlung 97
Bestellpunkt 35, 40
Bestellschreibung 69, 97
Budgetierung 81
Buying House Konzept 17f.
Buy-side-Lösung 111

C-Teile (Begriffsdefinition) 15, 74f., 78, 85
C-YZ-Teile 21
Content provider 111
Core-Material 76

Data-Warehouse-Systeme 124

Desktop-Purchasing 110, 112f., 115, 117
Dezentralisierung der Einkaufstätigkeiten 17
DFÜ 41, 45, 48, 101f.
Dienstleistung 17, 24, 26f., 45, 50, 53, 56, 58ff., 68, 72f., 96f., 99ff., 114, 120, 125, 129f., 132, 134f., 138ff., 142f., 147
Direkt-Einkauf 19
Disposition 15, 18, 20, 29, 34ff., 41f., 54f., 61, 75, 77
Distributor 29, 42f., 45f., 50, 53

E-Business 112
Eclass 117, 124
EDI 18, 32, 53, 99, 103ff., 121
Einkaufs-Dienstleister 108, 128
Einkaufskapazität 34
Einkaufskooperationen 93, 114, 124
Einkaufspreis 86, 120, 123, 128
Elektronische Bestellung 19
ERP-Systeme 27, 72, 94, 99, 102, 105ff., 113, 118ff., 122, 126
Extranet 99, 106

Fehlteile 42
Finanz-Dienstleister 21
Full-Service-Dienstleister 114, 120f., 125

Geheimhaltungsvereinbarungen 136
Gemeinkosten-Material 20
Geringwertige Güter 27ff., 68, 76, 80
GK-Material 76
Globale Beschaffung 34
Großhändler 45f., 50
Gutschriftsverfahren 50

Hilfs- und Betriebsstoffe 15, 18ff., 24, 56, 65, 76

In-Plant Terminal 55
Internet 17ff., 57, 59, 102, 104f., 113, 119, 132
InternetEDI 105
Investitionsgüter 68
Ist-Prozess 17f., 22
Ist- und Schwachstellen-Analyse 37

Käufermarkt 69
Kanban 45ff., 49f., 98, 101f.
Kapitalbindung 20, 99, 101
Kartenprovider 21
Katalog 111ff., 117f., 120f.
Katalogsystem 111ff., 115f., 118
Kennzahlen 55
Klassifizierung 117
Konsignationslager 46, 50, 115
Kontinuierlicher Verbesserungsprozess 126, 145
Kunden 33, 45, 48ff., 58, 132, 142
KVP 131

Leistungsbeschreibung 134f.
Lenkungsausschuss 33
Lieferantenbeziehung 72, 143
Lieferantenmanagement 28, 69
Lieferantenvielfalt 69, 83, 94, 114, 117, 121, 124
Lieferservice 47, 55, 83
Liefertreue 72
Logistik-Dienstleister 50, 61
Logistikkosten 81, 120
Logistiksysteme 50, 116

Märkte 128, 132
Make or buy 126f.
Materialgruppen 19, 46, 84
Materialgruppen-Management 16, 124

Materialklassen 87
Materialwirtschaft 36, 67
MDE 45
Meldebestand 35, 39

Nachfrage 60, 66, 128
Non-Core-Material 76

Offenes Lager 40
Operativer Einkauf 20
Outsourcing 15, 27, 29f., 56, 59ff., 73, 127f., 130f., 133, 140

Paarweiser Vergleich 30
Partnerschaft 36, 72, 74, 99, 145
Partnerverbundsystem 102
Payback-Periode 21
Personalentwicklung 16
Personalressourcen 16f.
Pflichtenheft 131, 133f.
Pilotprojekt 31, 34, 41
Pooling 114
Procurement Card 108, 121
Produktionsprogramm 33, 35, 40
Produktlebenszyklen 66
Produktvariationen 66
Programmgesteuerte Disposition 35
Projektteam 16, 36, 41
Provider 111
Prozessanalyse 16, 34f., 41, 82
Prozessbetreiber 37
Prozesskette 72, 96f., 106, 115, 119f., 130
Prozesskosten 16f., 19ff., 35, 37f., 40f., 45, 49, 57, 78, 80, 93, 119
Purchasing Card 17ff., 59, 113f., 116
Purchasing Card System 17, 21

Qualitätskontrolle 36, 97

Rahmenverträge 112
Rückverfolgbarkeit 47

Sammelgutschrift 38
Sammelrechnung 116
Schulungsaufwand 19
SCM 126
Sell-side-Lösung 111
Ship-to-line 97
Ship-to-stock 97
Sicherheitsvorkehrungen 19
Sollkonzept 41
Sourcecard 27, 59
Standardisierung 18, 45, 99, 116ff., 120, 145
Standardprozess 18
Strategische Einkäufer 16, 36, 61, 80
Supply Chain Management 53ff.

Terminsteuerung 39
Terminverfolgung 36
Total Cost of Ownership 30, 33, 72
Transaktionskosten 17

Verbrauchsgesteuerte Disposition 39
Verbrauchsstatistik 45
Verbrauchswert 74, 78
Versorgungsrisiko 76
Versorgungssicherheit 47
Vertragsgestaltung 76
Virtuelle Einkaufskooperationen 114
Virtuelles Kanban 39

Wareneingang 35, 41, 43, 46, 48, 50, 55, 68, 75, 79, 90, 97, 115, 120
Warengruppen 23ff., 82, 84, 86ff., 90, 94, 96ff., 108, 115, 120, 123, 125, 128
WebEDI 105
Weiterqualifikation 16
Wertanalyse 74
Wertschöpfungskette 67
Workflow 26, 59, 94, 110, 115

Zeitplan 26

Literaturverzeichnis

Arnold, Ulli, Orientierungen auf dem Weg zum modernen Supply Chain Management, in: Beschaffung aktuell 08/2000, S. 42ff.

Bogaschewsky, Ronald, Neue Wege der Beschaffung, in: Bogaschewsky, Ronald (Hrsg.), Elektronischer Einkauf, Gernsbach 1999

Bogaschewsky, Ronald, Strategische Aspekte der Leistungstiefenoptimierung, in: Koppelmann, Outsourcing, Stuttgart 1996

Bogaschewsky, Ronald und Kracke, Uwe, Internet-Intranet-Extranet, Strategische Waffen für die Beschaffung, Gernsbach 1999

Boutellier, R., Locker, A., Beschaffungslogistik, München-Wien 1998

Bürkert, Rainer, Kanban für C-Teile, in: LOGISTIK HEUTE 6/2000, S. 56 ff.

Carter, J.R., Narasimhan, R., A comparison of North American and European Future Purchasing Trends, International Journal for Purchasing and Material Management 2, 1996

Dürr, M., Marberg, L., Outsourcing von Beschaffungsprozessen – empirische Analyse der aktuellen Marktsituation..., Diplomarbeit 2000 (unveröffentlicht)

Esso AG, Effizienzpotentiale im Einkaufsprozess, Referat BME-Symposion, Berlin 1999

Facchino, V., Neugestaltung des Material-Versorgungs-Prozesses am Beispiel der Loewe Opta GmbH, 1998 (unveröffentlichte Diplomarbeit)

Fieten, Robert, Eine alte Frage wird neu aufgeworfen, in: Beschaffung aktuell 04/1996, S. 28-30

Fieten, Robert und Möhrstädt, D., Fixkosten zu variablen Kosten umwandeln, in: Beschaffung aktuell 06/1997

Garbe, Bernd, Industrielle Dienstleistungen, Wiesbaden 1998

Güthoff, J., Dienstleistungsqualität als strategischer Wettbewerbsvorteil, in: Wirtschaftswissenschaftliches Studium, 12/1998, S. 610-615

Hartmann, Horst, Materialwirtschaft und Logistik in der Praxis, Augsburg 1999

Hartmann, Horst, Lieferantenbewertung, aber wie?, Gernsbach 1997

Hempe, S., Grundlagen des Dienstleistungsmanagements und ihre strategischen Implikationen, Bayreuth 1997

Homburg, Christian und Garbe, Bernd, Das Management industrieller Dienstleistungen – Problemfelder und Erfolgsfaktoren, Koblenz 1995

Kalbfuß, Walter (Hrsg.), Materialgruppenmanagement, Quantensprung in der Beschaffung, Wiesbaden 2000

Kalbfuß, Walter, C-Teil Beschaffung – Prozessoptimierung, Vortrag Management Circle, August 1998

Kastreuz, Gerhard, Management von Qualität und Zuverlässigkeit im Einkauf, Wiesbaden 1994

KPMG Unternehmensberatung (Hrsg.), Untersuchung von Struktur- und Rahmenbedingungen im Beschaffungsprozess unter besonderer Berücksichtigung der Prozesskosten, Frankfurt 1997

Kleer, Michael, Gestaltung von Kooperationen zwischen Hersteller und Logistikunternehmen, Berlin 1991

Kluck, Dieter, Materialwirtschaft und Logistik, Stuttgart 1998

Köhler-Frost, Wilfried, Evaluierung und Auswahl des problemgerechten Outsourcing-Partners, in: Wisskirchen, Outsourcingprojekte erfolgreich realisieren, Stuttgart 1999

Konhäuser, Christian, Stärkung strategischer Funktionen – C-Artikel-Management im Intranet/Internet, in: Beschaffung aktuell 01/1999, S. 38ff.

Küchler, Gunther, Outsourcing und Co-Sourcing, in: Beschaffung aktuell 11/1997, S. 53ff.

Leist, Ralph, Meissner, Helmut, Total Quality Management, Augsburg 1995

Lückefedt, H., Optimaler Fremdbezug durch Outsourcing betrieblicher Beschaffungsfunktionen, Referat BME-Symposium, Berlin 1997 (Tagungsband), S. 303ff.

Man, C., Effizienzpotentiale im Einkaufsprozess, Referat BME-Symposium, Berlin 1999 (Tagungsband), S. 647ff.

Mindach, Ulrich, Qualitätsmanagement im Einkauf, Gernsbach 1997

Muschinski, Willi, Lieferantenbewertung, in: Strub, Manfred (Hrsg.), Das große Handbuch Einkaufs- und Beschaffungsmanagement, Landsberg 1998

Nachtweh, Klaus-Peter, Benchmarking mit Lieferanten-Methode zur Standortbestimmung und Leistungsverbesserung, in: Beschaffung aktuell 05/2000, S. 40ff.

Oeldorf, Gerhard und Olfert, Klaus, Materialwirtschaft, Ludwigshafen 1995

Ottliczky, Hartmut, Neuer Weg im C-Teile-Management?, in: Beschaffung aktuell 08/2000

o.V., Outsourcing Teil III: Einkauf von C-Teilen, Die Prozesskostenrechnung sorgt für Vergleichbarkeit, in: Beschaffung aktuell 06/1994, S. 14ff.

o.V., Mit Mehrwert rentabler, in: LOGISTIK HEUTE 6/2000, S. 50f.

o.V., Stärkung strategischer Funktionen, in: Beschaffung aktuell 01/1999, S. 38ff.

Probst, N., Einführung einer Prozesskostenrechnung am Beispiel eines Distributors elektronischer Bauelemente, 2000 (unveröffentlichte Diplomarbeit)

Reinelt, Günther R., Partnerschaftlicher Aufbau einer eCommerce-Anwendung im Mittelstand, Referat BME-Symposium, Berlin 2000

Reinelt, Günther R., Vergabeentscheidung, in: Strub, Manfred (Hrsg.), Das große Handbuch Einkaufs- und Beschaffungsmanagement, Landsberg 1998

Rohde, Armin, Informationsnetz für die Industrie – weltweit, in: Beschaffung aktuell 08/1998

Sackstetter, Horst, Wege zur Optimierung der Beschaffungsprozesse, in: Strub, Manfred (Hrsg.), Das große Handbuch Einkaufs- und Beschaffungsmanagement, Landsberg 1998

Sackstetter, Horst, Schottmüller, Reinhard, Lieferantenmanagement, Lieferantenentwicklung, in: Strub, Manfred (Hrsg.), Das große Handbuch Einkaufs- und Beschaffungsmanagement, Landsberg 1998

Schneider, Herrmann, Outsourcing von Beschaffungsprozessen, Gernsbach 1998

Schwentke, E., C-Teile-Management mit Einsatz eines Purchasing Card Systems, 2000 (unveröffentlichte Diplomarbeit)

Simossek, Karl und Walter, Jens, Angefangen hat es mit Büromaterial, in: Beschaffung aktuell 06/2000, S. 64ff.

Soellner, F.N., Mackrodt, C., Leadership Practices in Procurement Management, in: Hahn, D., Kaufmann, L. (Hrsg.), Handbuch industrielles Beschaffungsmanagement, Wiesbaden 1999

Weid, H., Wettbewerbsvorteile durch Electronic Data Interchange, München 1995

de Wit, Caes, Den Erfolg des Kunden steigern – durchgängige Kundenorientierung, Vortrag Siemens Partnerforum 1997

Printed by Libri Plureos GmbH
in Hamburg, Germany